きもの再入門

山内マリコ

KADOKAWA

きもの再入門

目次

写真＝著者提供
装幀・組版＝佐々木暁

はじめに

　この本を手に取ったということは、きっとあなたは、きものが好きなはず。「きものが好き」にもいろんな段階があって、ちょっと興味がある〜本気の着道楽まで、グラデーションはさまざま。わたし自身は本のタイトルのとおり、「きもの再入門」組。若い時分のごく短い時期、猛烈なきもの熱が台風のように通り過ぎていきました。

　あの日々のことをたとえるなら、まさに恋。◯◯に恋して……という言い回しは広告宣伝の常套句ですが、たしかに、人は人以外のものにも、恋に近い情熱を抱くことがけっこうあります。そして激しい恋がせいぜい二〜三年しか保《も》たないのと同様、わたしがきものに恋していた時期も、そのくらいでした。終わった恋の残骸のように、きものを持て余すこと、十数年――。

本書は、一人の編集者さんとの出会いから生まれました。たまたま行った出版系のパーティーで、素敵なきものをお召しになっているのを遠くから拝見。つつーっと近寄って行って着姿を称賛し、自分も着付けの師範までとった同好の士であることを伝えると、彼女はこう言いました。

「じゃあ、きものの本、作りましょう！」

そういえば、あれだけ夢中になったきもののことを、ちゃんと書いたことはなかったなぁ。だけど正直、きもの熱が冷めて久しく、きもののことを考えるのは、ちょっと気が重い。きもの箪笥《たんす》を開けるのが、すごく面倒くさい。けれどこの機会を逃して、いつ、きものと再び向き合うのだ？

きもの本を作ろうというお誘いに、わたしは全身で乗っかりました。これまでのきものの遍歴をふり返り、リハビリのごとく、きものとの距離を縮めていく。果たして無事、きものと元鞘《もとさや》に収まることができるのか？　自分でもどう転ぶかわからないまま連載はスタートしました。

きもの沼の浅瀬でちゃぷちゃぷ遊びはじめたのが、二〇〇九年。出会い、大恋愛、倦怠期《けんたい》、そして再会。わたしがきものと辿《たど》ったこの道程を、少しでも楽しんでもらえることを祈って。

きものは、やっぱりいいですね。

きものと帯は祖母から譲ってもらった古いもの。アンティークの帯揚げと帯締めなど、小物は自前。2024年現在のマイ・スタイルです。

一章　母のきもの箪笥

箪笥の肥やし

富山の実家には納戸があり、ずっしりした母の婚礼家具が三つも並んでいる。そのうちの一つは、観音開きの扉を開けると桐の引き出しが並ぶ、本式のきもの箪笥だ。

たまに風を通すため扉が開けられることはあっても、母が畳紙《たとうし》に包まれたきものを取り出して着ることはない。着られないのだ。着るどころか、畳み方も自信がないらしく、おちおち広げることすらできない。きものは、新品の証である躾《しつけ》糸《いと》がついたまま、箪笥に眠りつづけた。それはわたしが生まれる前からそこにあり、十八歳で実家を出てからも、変わらずそこにあった。

では誰が、着もしない大量のきものを買ったのかというと、祖母である。昭和一桁《けた》生まれの祖母は日常的にきものを着ていた最後の世代だ。戦争ですべてを失うも、高度経済成長とともに豊かになり、洋服だけでなく、きものも買った。奥様たちがきもの姿で、茶道や華道といった趣味に邁進していた昭和後期を満喫したであろう形跡が、祖母の家にはたくさんあった。祖母は派手好みで、買い物好きである。

　だから母の結婚の際も、おそらく祖母が出しゃばって、呉服屋さんにあれこれ注文を出したんだろうなと、わたしは想像する。娘の結婚にかこつけて買い物を楽しむ祖母のとなりで、ちょっと迷惑顔でため息をつく、母の顔が目に浮かぶ。母は質素なたちだし、目立つことを嫌う。わたしと母も本当に親子？　というくらい性格が違うが、母と祖母はもっと違う。

　祖母の世代は自分の意思より、体裁を保つというモチベーションでいろんな物事を決めた。自分がこうしたい／ああしたい、よりも、世間体を考えてこうすべし／ああすべし、が優先される。祖母が、既婚女性はちゃんとしたきものを一揃え持っておかないと恥ずかしいのだ、というようなことを、語気荒く言って母を困らせているところを、わたしは手に取るように想像できてしまうのだった。

母はぎりぎり団塊世代にかすっているが、その時代にしては結婚は少し遅く、三十歳になる年にわたしを産んでいる。わが家は両親と子供二人の典型的な核家族であり、母は専業主婦だった。その時代の専業主婦というと、年中無休ワンオペ育児がデフォルト。そんなハードな生活に、優雅にきものを着て出かける時間など、どこにもなかった。

ところがわたしときたら、母に自分の面倒を見てもらっているということが、まるで見えていなかった。なにからなにまで世話してもらっている立場なのだという自覚も、家事をやってもらっていることへの感謝もうすかった。お母さんなら当たり前でしょ、みたいに思っていた。

気まぐれに洗濯物を畳むくらいのことはしたし、アイロンがけに手を出してみたり、洗い終わった食器を棚にしまったり、自分の部屋に掃除機をかけるくらいのことはやった。けれど、そんなのは無限にある家事の、ほんの数%に過ぎない。わたしがわたしの時間を、ほぼすべて自分のために使っているその後ろで、母の時間は、家族が滞りなく朝出かけ、勉強や仕事に集中するための、バックヤード的な役割に費やされた。そういう生活の中で、きものは忘れ去られていった。

実家にいたころのわたしは、無限にある自分の時間をときに持て余し、家の中をいじくり回すことがあった。きもの簞笥を開けてみては、樟脳《しょうのう》の匂いに顔をしかめた。せっかくのきものを簞笥の肥やしにするばかりで、自分では着ることすらできない母を、内心どこか情けなくも思っていた。いやいやそれお前が言う？という感じで呆れてしまうが、そうなのだった。


七五三などのお祝いごとには祖母が手を回してか、晴れ着を着せられた写真が残っている。けれど二十歳のときは、成人式を割愛した。両親から振袖《ふりそで》が欲しいか訊《き》かれると、わたしはそんなお金があるならマッキントッシュのパソコンを買ってくれとせがんだ。成人式になんて出たくなかったし、白いミンクのショールを羽織るような、いかにもな振袖を着たいとは思わなかった。いまとは別人なレベルで尖っていたので、むしろああいうノリを軽蔑していた。

形式張らないうちの両親は、欲しいものを買うのがいちばんだと言ってくれた。

そんなわけでわたしは二十歳のとき、振袖を蹴《け》って、あの時代、最新型だったApple Computer Power Mac G4を手にした。

きものにはまったく興味がなかった。

大学の卒業式にも出なかったので、袴《はかま》も着ていない。それを後悔したことは一度もなかった。

ところがこのあと、二十代も終わり頃になり、わたしは一転して、きものに首ったけになった。それは突然、降って湧いた機会だった。

兄の結婚式

二つ年上の兄が結婚することになった。

神前式のあと、地元のホテルで披露宴をおこなうプランだという。当時わたしは東京に住んでいて、文学的ニートの泥沼でもがいている真っ最中だった。文学新人賞をもらったものの最初の本がなかなか出せず、生殺し状態で二年が経ちつつあり、どうしようもなくなっていた。人生でいちばん暗く、金がなかった。
兄の結婚はもちろん喜ばしい。兄は東京の大学を出たあと富山に戻り、堅い仕事に就いたまじめな男だ。その兄が、トラディショナルなスタイルの式を挙げるという。いいことだ。じゃあ、新郎の妹はなにを着て、祝いの場に出たらいいのか？
母は、例のきもの簞笥から黒留袖《とめそで》を引っ張り出すという。わたしは、二十代で未婚の妹なんだから、やっぱり振袖だろうということになる。やだな……と思いつつ、あれよあれよとホテル提携の貸衣装店で、レンタル振袖を見繕う段取りが組まれた。

二〇〇八年秋、貸衣装店にて――。これはのちに運命の一日として、自分のなかで長く語り継がれることとなった出来事だ。

その日、父の運転で貸衣装店を訪ねると、担当の女性スタッフが対応に現れ、和室に案内してくれた。まず言われたのが、値段に応じていくつかランクがあること。別にこだわりもなかったので、下から攻めることにした。松竹梅でいう「梅」である。

梅ランクの振袖はペラッとして安っぽく、素人目にもショボかった。赤系の振袖なんていかにも二十歳のお嬢さんという感じ。当時二十代後半だった自分には、気恥ずかしくてとても着られない。いくらなんでもなぁと、仕方なくランクを上げてみると、ちらほら良さそうなきものが出てきた。でも、心の底からいいと思えるものは、なかなかない。

スタッフの女性は次から次に箪笥の引き出しを開け、きものを惜しげもなく畳に、放り投げるように広げた。『グレート・ギャツビー』の有名なシャツのシーンみたいに、色とりどりの振袖が波打つように溢れ、あっという間に畳が見えなくなった。

ようやく、これはと思う一枚が見つかる。胸元までは白系だが、じょじょに藤色、紫色とグラデーションして色が濃くなり、裾《すそ》は黒。全体に鞠菊《まりぎく》のような花柄がちりばめられた友禅《ゆうぜん》である。

あーやっときものが決まった、ああ疲れた、さぁ帰ろう帰ろうと腰を上げると、スタッフの女性は次に、帯を出してきた。

あ、そっかそっか、きものっていうのは帯もいるもんなんだ、危うく帰るところだったわ、ハッハッハーっと父と笑いあった。そのくらい、この時点のわたしはきものに対して無知だった。


帯どころか、ほかにも選ばなきゃいけない小物は大量にあった。帯揚《おびあ》げ（帯の上部を覆う布）、帯締《おびじ》め（帯をベルト状に締める紐《ひも》）、半衿（衿汚れを防ぐ布）に伊達衿《だてえり》（きものを二枚着ているように見せる重ね衿）……。

きものは形が決まっているので、色柄をどう合わせるかがすべてだ。帯まわり、衿まわりの小物は、面積でいうととても小さいのに、組み合わせによって全体の雰囲気ががらりと変わってくる。鏡の前で試しに合わせてみると、なるほど小物選びの重要性が腑に落ちた。布一枚、紐一本とあなどっていたアイテムの存在感の大きさがわかってきた頃には、すでにアドレナリンが出まくって、わたしは完全に楽しくなっていた。

　とりわけ感動したのは、顔の印象をがらりと変えてしまう、半衿の効果だ。最初は半衿と言われてもそもそも概念がわからず、「なんですかそれは？　意味あるの？」という感じだった。半衿とは、きものの下に着る長襦袢の衿に縫い付ける、短冊《たんざく》状の別布のこと。要はシャツの衿にあたり、形としてはVネックのように顔を縁取る。絵の額縁みたいなもので、驚くほど効果を発揮し、同じきものでも半衿を変えるだけで、まるで印象が変わった。

　長い長い時間が経過した。

　悩みに悩んだあげく、最終的に選んだのは、淡い水色の縮緬《ちりめん》に小花の刺繍《ししゅう》が入った可愛らしい半衿だった。その色が、とりわけ顔色を映えさせてくれると感じた。小物に至るまですべてを選び終えたころには、精根尽き果て、くたくただった。まさかこんな選定作業があるとは露知らず、運転手のつもりで同行し、ずっと横で眺めていた父にいたっては白目……。

そしてわたしはというと、きもの一式を好き放題にコーディネートできたことで、なんだかちょっと、スイッチが入りかけていた。

兄の結婚式本番。実際にきものを着てみると、おめかしする喜びの反面、早朝から支度に拘束されるし、苦しくて身動きがとりづらいし、なにより女らしい立ち居振る舞いを強いられるのがどうにも小っ恥ずかしくて、とても複雑な気持ちを味わった。きもの……こんなに大変ならそりゃ衣類として廃れるよ、とも思った。それでいて、わたしのなかできものに対する興味は、むくむくと芽生えはじめていた。二〇〇八年の暮れ、二十八歳になったばかりの頃のことである。

一冊のきもの本と出会う

俄然、きものが気になりだして、手始めに一冊、本を買った。『きもの手帖――アンティーク着物を自分らしく着こなす』（fussa/雄鶏社）。刊行は二〇〇四年。選んだ理由は、カバーを飾る俳優の香椎由宇《かしいゆう》さんがあまりに美しかったから。
このジャケ買いが大当たりだった。アンティークきものは独特の妖気《ようき》があるけれど、若いスタイリング・ユニットのセンスによってがらりと刷新され、提案されたコーディネートはどれも絶妙に着てみたいと思えるものばかり。地味すぎず派手すぎず、しっとりした情感はあるけれど、さっぱり清涼。アンティークと聞くと高価なイメージがあったが、価格帯はどれも手が届きそうだった。小紋や御召、銘仙といったきものの種類から、袷《あわせ》や単衣《ひとえ》といった季節ごとのルールも紹介され、初心者の入門書としても最適。わたしはこの本によって、きものへの憧れを一気に加速させた。夜な夜なめくり、穴が空くほど見つめた。

これはのちのち雑誌「七緒」の対談連載で、きもの研究家のシーラ・クリフさんから聞いたお話だが、二〇〇〇年から二〇〇五年にかけて、きものの世界が大きく変わったそうだ。昭和後期から平成初期にかけて、呉服業界はとても保守的で、権威主義的だった。うんと高価なきものを、お金持ちの男性に買ってもらうことがステイタス——そんな封建的な価値観に、きものを取り巻く人々はどっぷり浸かっていた。見せびらかしに重点を置かれたきものは、それはそれでとても美しいけれど、バブル崩壊から十年が経つころには、着て行く場所も買うお金もなくなり、市場はみるみるシュリンクしていったという。

そんな時代、草の根的、かつ同時多発的に、いくつかの動きがあったとシーラさんは語った。

きもので街歩きするイベントの開催もそうだし、インターネットを介しての、きものファンの活発な交流もそう。それまでは、きものは高くてなんぼであり、安いことは恥ずかしいことだった。「恥ずかしい」は日本文化において、死にも等しい脅しである。

ところが若い女性たちは、その価値観を逆転させた。彼女たちはリーズナブルであることを「良いこと」だと当然のように認識して、堂々と着たのだ。

きものリバイバルを牽引《けんいん》したブランド〈豆千代《まめちよ》モダン〉が誕生したのも同じ頃。

そして、新しいきもの雑誌の創刊もこの時期に集中している。二〇〇二年、アンティークとチープを謳《うた》った「ＫＩＭＯＮＯ姫」の登場は衝撃的だった。大森伃佑《よう》子《こ》さんによる、甘くてデコラティブなのに垢抜けたスタイリングと、それを完璧に着こなすモデルの高橋マリ子さん。創刊号のカバーを憶えている同世代も多いはず。

二〇〇四年創刊の「七緒」はまったく路線が異なり、さらりとオーセンティックでありながら、きもののハードルをぐっと下げるという矜持《きようじ》を掲げる。気張った余所《よそ》行きのきものではなく、リアルクローズな、身近なきもの。いずれも、一分の隙もないきもの姿の俳優さんが表紙を飾る高級誌とは、まったく違う路線を切り拓いた。もちろん、こういった雑誌を求める新規きもののユーザー、新たなファンが全国に多数いることの証である。

シーラさんはこの一連の動きを、「デモクラシーだと感じた」とおっしゃった。きものは長らく、呉服のみならず茶道や作法など、伝統を重んじる世界に囲い込まれていた。そこでは、祖母世代の価値観と同様、こうしたい／ああしたい、より、こうすべし／ああすべし、が重要だった。

それを若者たちは、主体的な「着たい！」という気持ちで、転覆させたのだ。ついに日本人が自分たちの服飾文化を取り戻したと、シーラさんは感じたという。「きものはストリートファッションになった」。これはハッとする指摘である。


大正〜昭和初期にかけて作られた戦前のアンティークを見ると、その時代、きものという服飾文化が爛熟期を迎えていたことがわかる。たとえば女学生が着ていた銘仙は、驚くほどカラフルで、ポップで、アヴァンギャルド。化学染料によって可能になったけばけばしさは見事で、ギャル感すら漂うハジけた色柄が、街で普通に着られていたのだ。

しかしほどなく戦争によって、きもの文化は一度途絶える。

戦後、人々の衣服は和服から洋服にパラダイムシフトを遂げ、きものは趣味性の高い、ステイタスシンボル的なファッションとなっていった。「箪笥一竿《さお》のきものを持って嫁入りするものだ」という固定観念で、着もしないのに買われる時代が続いた。

一見すると、きものはよく売れていた。けれど、買ってもらった女性たちはそれを着ることなく、きものは簞笥で眠りについた。その様子を客観的に見ていた、彼女らの子ども世代にあたる、当時の若者たち。彼らによってきものは〝発見〟され、二十一世紀になって権威の手を離れ、ついに民主化した。

外国人だからこそ見抜けた、日本という一つの国の、民族衣装の変遷だ。


個人の意思だと思っていることも、実際には時代の大きなうねりに飲み込まれていたに過ぎないことは多い。わたしが恋い焦がれるようにしてめくった『きもの手帖』も、当然この一連のムーブメントの中に位置づけられる。というよりわたし自身が、遅ればせながらその流れに乗り、きものに目覚めていったわけだ。

二章　いきなり散財する

やっちまった

　年が明けて二〇〇九年、きもの熱がぐんぐん上昇していたある日のこと。当時住んでいた吉祥寺の、駅前にあるパルコの三階あたりを、わたしは例のごとく徘徊していた。

　当時は、小説家デビューまであと少しのところで立ち往生。仕事探さなきゃと思いつつ、外で働けば小説を書くなんて二の次になって、デビューはますます遠のく一方というジレンマの只中《ただなか》にいて、身動きがとれなくなっていた。いい歳をして親からの仕送りに頼り、日陰者の気分でこそこそ生きながら、日々なにをしていたかというと、やたら買い物していた。

　なにしろ東京の街には、二十〜三十代の女性をターゲットにしたものが溢れ、誘惑だらけなのだ。ちょっと出かけたらなにか収穫がないと気が済まないという、買い物依存症みたいになっていた。自分でも資本主義の奴隷ぶりにほとほとうんざりしていたが、『ボヴァリー夫人』のごとく、どうしようもなかった。

表現欲求はあるくせに、自分を発揮できる場がないものだから、ものを買うことが自己表現の代替行為になってしまうところもあった。愚にもつかない物にこまごまとお金を吸い取られては、落ち込む。どうにもこうにも自分をコントロールできないでいた。

そんな危うい精神状態でわたしはパルコをうろつき、ある日、若者向けの呉服店〈ふりふ〉の店先で足を止める。そこに掛かっていた、目にも鮮やかなターコイズブルーのきものに釘付けになった。

当時作ったきもののノートを紐解くと、買うつもりもなくふらふら店に入ったわたしは、その場で振袖をはじめ数点を取り置きし、わずか数日の間に次から次に、きもの一式を購入している。以下が、そのすべてである。

・振袖　ターコイズブルー、肩口にバラと蝶の刺繍《ししゅう》（6万1200円）
・長羽織　黒地に白い桜柄（3万9900円）

・下駄　朱塗りのぽっくり風（1万2600円）
・半幅帯　白地にピンクのバラ柄（2万9400円）
・帯締め　ピンクとブルーの平組（1万290円）
・長襦袢　真っ赤（1万5750円）
・足袋《たび》　桜色に桜の花びら模様（3150円）

くり返しになるが、このときわたしは働いていなかった。生活費は親の仕送りに頼りっぱなしで、貯金を取り崩しながら、霞《かすみ》を食べてひっそり生きていた。それなのに、家賃の三倍近い大金をきものに注ぎ込むという、トラウマ級の散財をやらかしてしまった。

二十八歳、無職、未婚。そんな状態で、わたしはきもの道に突っ込んでいった。

そもそも買ったところで、自分で着ることができないのだ。きもの知識ゼロ。それなのに買った。ああ、買ったさ！　アハハハハハハ。どのくらい無知だったかというと、わたしはこのとき振袖に合わせる帯として、半幅帯を買っているのだ。バカすぎる。

きものは「格（ランク）」ありきのファッションだ。

振袖は、洋服でいうフォーマルドレスにあたる。合わせる帯は、格が同等の、丸帯や袋帯と決められている。そこへいくと半幅帯は、洋服でいうTシャツやデニムみたいな、もっともカジュアルなアイテムなのだ。

ちなみにきものは、既婚／未婚でも着るものが区分けされる。振袖は、未婚女性だけが着られる晴れ着だ。つまりわたしがこのとき買った組み合わせは、未婚女性が結婚式に着て行くようなフォーマルドレスに、なぜかジーンズを穿《は》いているというような珍妙なものだったのだ。しかし無知とは幸せなもので、わたしはなーんとも思わなかった。

とにかく各アイテムを「点」で見て、「ぎゃーかわいい！」と頭に血がのぼった状態なので、まったく全体が見えていない。店員さんも、「あーこれ半幅なんですよ、半幅帯はとてもカジュアルなもので……」と止めに入っているのだが、なにしろこっちは暴走特急なので、話も聞かずに「大丈夫です！」とか言って構わず取り置きし、後日、ATMで下ろした万札を握って買いに現れている。怖い。

平日の昼間に突然ショップに現れ、予備知識もないまま上から下まできもの一式を爆買いしたわたしを、きっと店員さんたちは左うちわの金持ち娘と勘違いしたことだろう。目がイッちゃってたに違いないわたしを、同年代の彼女たちはちやほやと歓待してくれた。

呉服店において、店員さんの存在はとても大きい。若者向けなので、当然スタッフは全員が若い女性。自社の商品を素敵に着こなし、「それ、かわいいですよね！」と話しかけ、友達感覚で話を弾ませる。最初に声をかけてくれた女性がそのままわたしの担当となり、あれこれ教えてくれた。きものの基本ルールをきちんと伝えつつ、こちらの購買意欲を邪魔しない、絶妙なさじ加減で。

「半幅帯は振袖には合わせないものだけど、まあ、羽織で隠しちゃえばバレないので……イケます！」

「羽織の背中がぺたんこだとおかしいけど、半幅帯に帯枕《おびまくら》を入れてお太鼓結びっぽくアレンジすれば……イケます！」

「白衿には白足袋が基本ではあるんですが、桜柄の羽織と桜の足袋の組み合わせはとってもかわいいので……イケます！」

「とにかく好きなものを楽しんで着るのが大事なので‼」

彼女は全力でわたしの背中を押してくれた。いままさに、きもの道のとば口に立って、入ろうかやめておこうか逡巡《しゅんじゅん》している人間の手を引き、ずんずん前へ進んで「フォローミー！」と叫んでくれた。レジでお金を払っているとき、彼女は言った。

「きもので外へ出かけてみることが大事ですから。そうそう、ちょうど週末、展示会があるんで、一緒にきもの着て行きましょう!」

展示会へ

展示会がなんなのかもわからないまま、彼女に買ったばかりのきものを着せてもらい、一緒に電車に乗って会場へ行った。こんなマンツーマンの手厚い接客は人生初である。店員さんを連れて店の外へ出るなんて……。正確には、店員さんに連れられて、なにからなにまで世話を焼いてもらっての、お大尽のような外出である。向こうとしては100%仕事なのだが、こちらとしては新しい友達ができたみたいで、ぽぉ~っとなってしまう。ニートで世間との接触もなく、孤独のどん底にいたわたしには、劇薬のように効いた。

展示会の会場には、さまざまなメーカーがブースを出していた。そして反物で売られる「正絹《しょうけん》」のきものを目撃したことで、ようやくわたしは自分が買ったきものが、いかに特殊というか、邪道なものであったかを理解するに至った。

本来きものというものは、生地の状態（反物）で売られ、買った人のサイズ（身丈＝身長、裄丈《ゆきたけ》＝腕の長さ、身幅＝胴回り）に合わせて仕立てられる、オーダーメイド。一方、わたしが衝動買いしたきものは、いずれもポリエステル製で、すでにきものの形に縫われている。一般に「プレタきもの」と呼ばれるものだった。プレタポルテ、つまり既製服のこと。わたしとしては充分高いと思っていたプレタきものの、きものの中では最安な部類の、スーパーカジュアルラインだった。

きものの名産地で、職人によって手仕事で織られた反物の価格は、当然、桁が一つ二つ変わってくる。わたしは会場を見回して焦った。これは確実に、来ちゃいけない場所に来ちゃったやつだと。

それでもなお、わたしは尻込みせずに突っ込んでいった。いちいち恋愛にたとえるのが気持ち悪くて恐縮だが、さながら親や友達に反対されても、わたしはあの人が好き！　と突き進むお嬢さんのような感じで、展示会をうろついた。

見渡す限り、きものきものきもの。とりとめのない会場で精神的迷子状態だが、ふと、目を惹かれるブースがあった。ふらふら〜っと足がそちらへ引っ張られる。

すると引率してくれている店員さんが、

「あ、やっぱり〈紫織庵《しおりあん》〉がお好きなんですね」

すかさず言った。ショップであれこれきものを見せてもらっていたときに、わたしが「かわいい」と反応したものを彼女はちゃんとチェックしていて、もうこちらの好みをつかんでいるのだ。

そうか、わたし、紫織庵が好きなんだ。

店員さんの言葉によって自覚したことで、自分が惹かれるものに、一つの道がついた感じがあった。夢中でめくった『きもの手帖―アンティーク着物を自分らしく着こなす』しかり、紫織庵に並ぶ反物の、大正モダンな柄行しかり。どうやらわたしの「好き」は、戦前のアンティークきものにありそうだった。

きものを着たい――そのためにはまず、きものを買わなくてはいけない。じゃあなにを買うか？　それには自分の「好き」を見つけ、好きを手がかりに少しずつものを買い足して、アイテムを揃えて、ちょとずつスタイルを作っていく、ということなんだ。先は長い。

京都・紫織庵で作られる大正友禅は、大正時代に使われていた本絵（基になる図案）を復刻したもの。歌舞伎役者の顔から、古典的な伝統文様、サーカス、黒船、フランス人形にニューヨークまで、モダンなモチーフの数々に、豊かな戦前のきもの文化が感じられる。ただし、これらの反物は、長襦袢用である。

きものは、肌襦袢→長襦袢→きもの→羽織などアウターの順で着る。長襦袢はいうなれば、下着の次に着るインナーだ。紫織庵の長襦袢の生地はとても柔らかく、たしかに中に着たら最高の着心地だと思う。けれど中に着た長襦袢の柄が見えるのは、袂《たもと》からチラリか、裾《すそ》がめくれてしまったときのチラリのみだ。

見えないところにこそ凝るのが真のおしゃれ、とされていることは知っているものの、「こんな素敵なものを中に？」と理解に苦んだ。

無論わたしには、長襦袢にお金をかける余裕などない。ところが、展示会の会場を見渡しても、欲しいと思えるのは紫織庵の反物だけだった。

そこでわたしは無知な人間の特権である、突飛なことを思いつく。

この生地、最前面のレイヤーにくる、羽織にできないかなぁ？

それはたとえるなら、〈ジェラートピケ〉の生地がふわふわでかわいいから、この生地でコート作ってください、みたいな話だ。

「あ、それいいですね！」

付きっきりで世話を焼いてくれている店員さんもノッてきた。反物で購入するオーダーメイドはなんでもありだ。さらに彼女はトリッキーな提案をした。いわく、長襦袢用の長さがある反物で羽織を作ると、生地に余りが出る。もったいないので芯を入れて、帯も作ってはどうか。

おお、そんなこともできるんですか！　興奮状態のわたしは、もちろんそうしてくださいと二つ返事でお願いした。そのぶん伝票の欄は、何段にもわたってさまざまな工賃が上乗せされ、弾き出された金額はさすがに、一括では払えそうになかった。ちょっともう詳しい値段は記憶から抹消しているのだが、たしかウン十万。「うっ、これはさすがに」とうろたえるわたしに、彼女はこう言った。

「あ、よかったらローン組みますか?」


一瞬、わたしの脳裏に宮部《みやべ》みゆき先生の傑作『火車』が過ぎった。高校生のときに読んだこの小説のおかげで、クレジットカードへの警戒心が強くなり、身の丈に合わないブランド品の買い漁りなどは絶対にダメだ、という教訓が叩き込まれたのだが、ついにその禁が破られるときが来た。説明を受けると、クレジットカードではなく、銀行引き落としのローンだった。さすがにそれはちょっと戸惑うわたしに、店員さんは明るい表情でけろっと言った。

「私たちもローン、複数組んでますよ!」

いくら若者向けのショップとはいえ、目の前にいるのは、呉服屋さんで働いている女性である。わたしより少しだけ年上に見える彼女もまた、骨の髄まできものに魅了されているのだ。いまのわたしが、本を書いて稼いだお金で、主に本を買っているように、店員さんもまた、きものを売って稼いだお金で、きものを買っているのだ。趣味を仕事にするとは、すなわちそういうことなのだ。

晴れやかに笑いながら「ローン複数組んでる」と打ち明ける彼女に背中を押され、わたしは人生ではじめて、ローンでものを買う決心をした。

伝票に書き込まれる数字の0を数えながら、わたし大丈夫かな……と、心臓が早鐘を打つ。全然大丈夫ではない。明らかに財政状況に見合わない、分不相応な買い物だ。けれどもう引き返せない。丸一日つきっきりでお世話をしてくれた彼女の手から、「やっぱ無理ぃ〜！」と伝票を奪い取ってビリッと破くような真似はできない。気づいたら、ローン組んじまってた。


無職のわたしがなぜローンを組めたのか、いまとなっては大いなるミステリーだ。上京する際、貯めていた軍資金の残高がまだそれなりにあったから審査を通ったのだろうか。

ともあれ、わたしは店員さんに倣って、その後いくつかのローンを並行して組みつつ、きものを買いつづけた。この頃の〈ふりふ〉には、次から次にストライクゾーンに突き刺さる新作が入荷して、わたしはとてもじゃないが、そのかわいさに抗えなかった。大柄で、派手で、色鮮やかな、ポリエステル素材で仕立て済みの、四万円から七万円ほどの価格帯の〝二十代向け〟のきものを、わたしは夢中で買いつづけた。その時点で自分の二十代の残り時間が一年を切っていることなど、考えもせずに。

あの箪笥を開ける日

二〇〇九年三月二十日、わたしは実家に帰った。

目的は実家の納戸の、あのきもの箪笥を開けること。短期間に買い集めたきものによって、すでに一人暮らしのアパートの収納が圧迫されつつあるというのに、まだまだきものが欲しいわたしは、あの箪笥のことを思い出し、のこのこ実家に帰ったのだった。

わたしがきものに興味を持っていると知ると、母はとても喜んでくれた。母もまた、簞笥の肥やしとなったきものをもったいないと、長年思っていたという。マリコやぜひ着ておくれと、わたしの趣味道を応援してくれたのだった。未婚で、無職で、きものにハマっている娘を、母は応援する構えと言う！

「結婚したらそんなことする時間なんてなくなるから、いまのうちにどんどんやっておいた方がいい。どんどんやりなさい」

いま思うとこれは、結婚の先輩からの、非常に含蓄に富んだ言葉だった。そして逆説的に、母の人生の個人的な楽しみの領域が、結婚によっていかに奪われてきたかを物語る。そして複雑なことに、それを収奪したのは、わたし自身でもあるのだ。

母は戦後の男女平等教育で育った。幼少期こそ日本は戦後の貧しさにあったものの、成人した一九七〇年代になると、国民の多くが「一億総中流」の生活水準にたどり着いている。若者の半数が恋愛結婚する時代。彼らは旧来の窮屈な、家父長制の色濃い家庭ではなく、ニューファミリーと呼ばれるリベラルな家庭を築く——つもりだった。女性たちは結婚して妻や母になっても、独身のころとさほど変わらずにいられると思っていた。

ところが蓋を開けてみると、男女の性別役割分業の規範はむしろ強く、学校の先生や看護婦（当時の呼び方）など、よほどの専門職に就いていない限り、ほとんどの女性たちは結婚し子供を産むと、専業主婦になった。核家族世帯なので、家事と育児はすべて自分が担う。日本はこれ以前、家に家事手伝いの女中さん（昔の呼び方）がいることも一般的だったし、同居のおばあちゃんが家のことをやる場合もあったろう。つまりこの世代の女性は、日本史上はじめてワンオペ育児と直面したことになる。

うちの母も、ご多分に漏れず日中はずっと一人で、わたしと兄の世話に明け暮れた。そしてようやく手が離れたと思ったら、定職にも就かず結婚もせず、きものをくれという……。

ともあれ、母はゆくゆく結婚するかもしれない娘に、同じ轍《てつ》を踏む前に人生を楽しんでおけと言った。なんだかエネルギーを持て余してきものにとち狂っている娘に、「いいぞいいぞもっとやれ」とエールを送ってくれたのだ。エールだけじゃない、春から着付け教室に通おうと思っていると伝えると、授業料を出すとまで言ってくれた。

こうしてわたしはこの年の四月から週一回、着付け教室に通いはじめた。初心者向けの半年コースだったが、母の「手に職をつけておいた方がいい」とのアドバイスを受けて、修了後は師範コースに進むことにした。その授業料も母が出してくれた。

さらに祖母も乗ってきた。孫がきものに目覚めたと知るや、家にあるきものを好きなだけ持っていけと言う。わたしがあんな危険を冒してローンできものを買ったのに、どうしたことか、うちにはきものが無数にあった。祖母の箪笥という鉱脈もわたしは荒らした。

だけど正直に言うと、母の箪笥にも、祖母の箪笥にも、喉《のど》から手が出るほど欲しいと思えるきものはなかった。いずれの箪笥にあったのも、多くが昭和四十〜五十年代あたりに買ったと思われるものだった。どれも絶妙に古臭く、まったくぐっとこない。わたしが好きなのは、大正から昭和初期にかけての、華やかでモダンな柄なのだ。〈ふりふ〉はそれを現代風にアレンジしていたから、どハマリしたのだった。

わくわくしながら箪笥を開け、畳紙をめくるたび、「うっ……」と顔色を変え、そっと戻した。きものはきものだけど、なんかちょっと違う。

あれもこれも持っていけと言う祖母に、「いや〜なんか、趣味が……」ともごもご言いながら、それでも何枚かいただいた。着ないかもな〜と思いつつ。

きもの以上にありがたかったのは、帯締めだった。ビニール袋にどっさり入っていた帯締めは、普段使いしていたため、房が信じられないくらいバサバサだったものの、宝の山だった。

さらに祖母は、昔よく通ったという富山市内の呉服屋さんへ連れて行ってくれた。祖母の買い物好きは健在だった。ワゴンセールのように積み上げられた綿コーマの浴衣《ゆかた》生地を、あれもこれもと、止めても聞かず、こちらが困るほど買ってくれた。かつて母が結婚前に連れ回されたように、今度はわたしが祖母の、買い物珍道中のお相手を務めた。

こうしてわたしはあっという間に衣装持ちになった。しばらくは寝ても覚めても、きものの日々だった。一年後、無事に着付け師範のお免状をもらった。そしてほどなく三十一歳で小説家デビュー。仕事に追われる身となった。三年後には結婚もした。すると母が予言していたとおり、きものは完全に後回しになった。

そして着なくなった

夏には浴衣を着たし、きもので初詣《はつもうで》にも行った。ドレスコードのあるイベントにきもので出かけたこともある。けれどだんだん、そういうこともしなくなっていった。あれだけ血道を上げて集めたきものは、わが家の箪笥で再び眠りについた。せっかく師範までとったくせに、もはやきものを自分で着る自信もなくなってしまった。

ここ数年は、きものを着る機会のほとんどが雑誌の撮影だった。スタイリストさんに着付けてもらい、作り上げた完璧なきもの姿は、ほんの一時間かそこらで脱いでしまう。なまじこだわりがあるので、衿合《えりあ》わせの角度が「ううん、ちょっと違う」なんてこともある。きものは着慣れないと板につかないので、自分でもとってつけたような着姿なのがわかる。ああ、あのきものへの情熱は、いったいどこへ行ってしまったんだろう。

ふと思った。もしかしたら、わたしのような元・きもの好きって、案外いるんじゃないか？　二〇〇〇年代を若者として過ごし、きものに夢中になったものの、その後すっかり仕事と生活に追われ、きものを着ることもなくなってしまった人たちが。

きもの再入門。

かつての母のきもの簞笥と、同じことになってしまっている自分のきもの簞笥を、開けてみようと思う。

はじめての展示会で作った紫織庵の羽織。羽裏は「雪輪に浮草」という生地を選んだ。この羽裏の生地も少し余ったので、布端にほつれ止め液を塗って半衿と帯揚げにしている。

青山きもの学院 吉祥寺校に通っていました。授業で振袖を着付けた際の一枚。習い事が続いたためしのなかったわたしがちゃんと卒業できたのは、先生方が優しかったおかげ。

きものに恋していたあの頃。ラブレターを書くみたいに、きものノートをせっせとつけていた（ただし途中で頓挫）。

三章　きものはきものを呼ぶ

奥さまたちの助言

きものの素材は主にこの五つ。

絹、麻、綿、ウール、そしてポリエステル。

言うまでもなく、絹こそ至高である。

着付け教室の師範コースに通っていたとき、絹についても勉強した。座学があり、生糸を精錬するときは不純物のセリシンを除去……などとノートにとってみっちり学んだのだ。

しかしそれでも、わたしは依然として、絹とポリエステルの見分けがつかなかった。着付けの先生たちが、きものをちょっと触っただけで「いい結城紬《ゆうきつむぎ》ね」なんて言い当てるのを見て、なんでわかるんだろう？　と首をかしげた。いくら説明されても、天然繊維と化学繊維の違いが、二十九歳のわたしには全然わからなかった。

着付け教室の師範コースで学ぶ同級生は、多くが子育てを終えた裕福な奥さまだった。現役のCAさんや日本語教師など、仕事を持つ女性は数名いるものの、専業主婦の方が圧倒的に多かった。結婚したばかりという三十代半ばくらいの女性もいた。それぞれがそれぞれの理由で、着付けを習いに来ていた。

未婚で二十代なのはわたし一人。ポリエステルのプレタきものを堂々と着ているのも、わたし一人。師範コースは行事も多く、みんなできものを着てお出かけするイベントも度々あった。横浜の有名店でランチしたときの集合写真を見ると、わたしだけがパキッとした色合いのきものを着ていて、奥さまたちのきものは一様に、ぼんやり淡い。言い方を変えると、わたしのきものは色みがどぎつく、奥さまたちのは上品だった。しかしわたしはその写真を見ても、自分のきものだけがかわいくて、奥さまたちのきものはダサいと思っていた。

正直、奥さまたちの選ぶきものは、なにがいいのかわからなかった。あまりに地味だし、どれも同じように見え、全然そそられない。価格帯はプレタきものよりだいぶ上という。なんでそんなもん買うんだろう。もっとかわいいきもの買えばいいのに。

二十九歳のわたしにとって「かわいい」とは、バラの刺繡だったり、百合の花だったり、トンボの絵柄だっり、猫のシルエットだったりした。きものを洋服の延長でとらえつつ、それでいてちょっと雑貨的な「かわいい」が盛り込まれた柄にそそられた。そういうきものを見ると強火で物欲がそそられる。気がつけば狭いアパートに無理やり置いたきもの用収納ケースは、安易に手に入れた雑多なアイテムでごちゃごちゃしていた。

あるとき、こんなことがあった。

着付け教室の併設ショップでは、草履や帯なども売られている。新入荷の商品をあれこれ見せてもらっていたとき、「これかわいい!」とわたしは飛びついた。黒地にマッチの模様が、お太鼓の部分にちりばめられている名古屋帯だった。マッチの先っぽの赤が、黒地とコントラストになってとてもかわいい。「かわいい」

を連呼しながら、だけど決め手に欠けるなぁと迷っていると、着付けの先生やまわりの奥さまたちが、「こっちにしておいた方がいい」と、白地の帯をすすめてきた。

それはややクリームがかった優しい白地で、お太鼓と胴の部分に、なんだかよくわからない、小さな植物が描かれていた。なんていう柄ですかとたずねると、先生は萩だと言った。

「萩ぃ～？」

眉間にしわを寄せながら、わたしはちょっと小バカにした笑いを浮かべていた気がする。だって萩ですよ？　ていうか萩ってなんだ？　どんな花だ？

「えー……」

渋るわたしに、先生と奥さまたちは切々と言った。この萩の帯は、ずっと使える。どんなきものにも合う。とても便利だから、どうせ買うならマッチではなく、萩にしておいた方がいい。悪いこと言わないから、そうしなさい。

おっしゃる通りだった。

わたしのきものワードローブの中でも、このとき買った萩の帯は、屈指の稼働率を誇る。とにかくどんなきものにも合う。萩は季節でいうと夏〜秋の植物で、その時期に着るのが基本ルールだ。

そう、きものは「格」の次に、「季節感」を重んじる。花が描かれている場合、その花の開花時期を、ちょい先取りして着るのがベスト。たしかに、あまり写実的に描かれた桜を、秋に着るのは変だ。ただし、シンプルに文様化されている場合は、うるさいことは言わず通年で着てもＯＫとされる。このときの萩の帯も、文様化された花と解釈して、とにかくよく締めている。困ったら萩頼り。別に好きじゃないけど。

あのときもしマッチ柄の帯を買っていたら、こうはいかなかっただろう。

違いがわかってきた

別のあるとき、こんなことがあった。

ポリエステルの浴衣を着て花火大会に行った帰り道。辺りは客で混雑し、会場から駅までは遠く、脚もくたくた。ひーこら言いながら歩いていると、なんだか足が痛い。くるぶしの少し上あたりだ。さては虫にでも刺されたか？　立ち止まって患部を見ると、横線を引かれたように赤くなっていた。

その部位はちょうど、浴衣の裾が当たる位置だった。つまり歩いているうちに、ポリエステルの生地が肌の同じところに当たりつづけ、皮膚が赤くなるほど擦れてしまっていたのだ。痛みをこらえきれず、わたしは裾をちょっとまくって肌襦袢をあらわにしながら、しょぼくれた気持ちでとぼとぼ歩いた。

真夏にポリエステル浴衣でお出かけするのも最初のうちは楽しかったが、だんだん手が伸びなくなった。汗でべっちょりしたときの感触が苦手になり、どうしても避けてしまう。代わりに着るようになったのは、祖母が買ってくれた綿コーマの浴衣だった。

素材は綿コーマでも染料はケミカルなので、色鮮やかで柄行も楽しい。値段もそれほどお高くなく、ポリエステル浴衣より断然お安い。それでいて、とても着心地がよかった。

じめじめした暑さで着る綿コーマは、湯上がりに羽織るバスローブのごとし。放湿性もあるらしく、汗をぐいぐい吸ってサラッとしている。


一度、綿コーマの浴衣で盆踊り大会に行って、踊りまくった帰り、あまりにも汗をかいたので居ても立ってもいられず、帰り道にあった銭湯に駆け込んだことがある。ひとっ風呂浴びてさっぱりした体に、汗で濡れた下着を再びつけるのは拷問である。そこでわたしは、もう夜で人にも会わないだろうと、人生初の大胆行動に出た。ノーパンノーブラ、素っ裸の上に、直で、綿コーマの浴衣を着てみたのだ。

あああああ〜〜〜〜！

なんて気持ちがいいんだろう！　トリビアとしては知っていたけれど、たしかに浴衣は、湯帷子《ゆかたびら》。これは風呂上がりに着るものだ。湯船に浸かってぽかぽかになった体に、さらっと一枚で着るものだ。パンツぅ？　和装ブラぁ？　肌襦袢んんん？　そんなもんいらねぇ！　素肌に綿コーマ最強！　わたしは鼻歌を歌いながら帰った。

そんな経験を重ねるうちに、だんだんわかってきた。正絹とポリエステルの違いが。それぞれの特性や、手触りや風合いが。シャリ感や光沢が。それから、「見て見て！」と大声でアピールするような一発芸的な柄を、かわいいと思う感性の、短命さも。

二十八歳から三十五歳になる間に、わたしはまったく別の人間に生まれ変わった。ニートでお金がなく、そのくせかわいいものに滅法弱い、安物買いの銭失い娘から、新婚の新人作家へ。仕事が増え、少しずつお金も貯まってきた。

年齢だけでなく、立場や経済状況が変わったことで、おのずと趣味も変わった。少しくらい高くてもいいから、上質なものが欲しいと思うようになった。どこのショップでも手に入るような量産品では満足できなくなった。あれだけわたしを幻惑したパルコからも足が遠のいた。悠長にパルコで買い物をする時間さえないのだ、仕事と生活に追われて。

作家として人前に出る機会も増え、それなりにちゃんとした格好をしようと心がけるようになった。若者向けのペラペラの服が、絶妙に似合わなくなってきたところだし。若者から、若い中年への、長い移行期のはじまりである。

そして、ポリエステルきものが残った……。

きものを持って行け

貯金を取り崩して買い集め、あれだけ夢中で愛したのに、すっかり収納スペースを圧迫する厄介ものとなってしまった、プレタきものたち。そのまま持っていてもよかったのだけれど、そうも言ってられなくなってきた。

きものがどんどん増えていったのだ、もう買ってないのに。

なにしろ「持って行け」の嵐なのである。

長年きものを持て余していた母は、とにかくわたしに一枚でも多くきものを譲りたいらしかった。持って行けば行くほど喜んでくれた。なのでついつい、貰《もら》い過ぎてしまう。

わたしのきものワードローブは、すでに混沌のさなかにあった。

母のきもの箪笥からやって来た、昭和四十~五十年代の若奥さま系きものたち。訪問着や付け下げには食指が動かず、貰ったのはもっぱら華やかな小紋である。金糸が織り込まれた梅小紋や、椿柄の紅型《びんがた》といったきもの。それに合わせられそうな名古屋帯を何本か持ち出してきた。お正月っぽいものが多いラインナップだ。

さらに、祖母のきもの箪笥からも続々仕入れてしまった。着道楽な祖母は洋服も派手好みだが、きものも、うんと鮮やかなものをたくさん持っていた。

祖母の好みが凝縮したような帯がある。

てろりと重たい絹の手触りの、躑躅《つつじ》色の名古屋帯だ。躑躅色というのは、ほとんどパッションピンク。お太鼓柄には毒々しいおしべをつけた、手刺繡の百合が

実家を建て替えた際、この箪笥を置くためにわざわざ納戸スペースが作られた。きものを保管するだけで精一杯、実用からは遠くなっていく。精神と生活実態のミスマッチというか、日本の服飾文化がいかに急激に変わったかが見えてくる。

母の箪笥から持ち出した中でもお気に入りの、縮緬の染め帯。お正月によく締める。

祖母のきものは裄が短めなので、長襦袢の袖がはみ出さないよう安全ピンで留めて着ている。それでも袖口から長襦袢が見えてしまうけど、わたしとしてはこのチラッはワンポイントなのです。

入る。目が眩《くら》むようなどぎつい派手さだった。市松《いちまつ》模様の銘仙も、赤×紺×薄卵色だけでも十分に色が強いのに、さらにポイントで金まで入っていた。粋な芸者風の紫色のきものは、切り嵌《ば》めと言っていいのか、金糸で縁取られた花模様の柄布を、ハサミでじょきじょき切ってきものの上にちりばめたような大胆なデザイン。かと思えば、織部《おりべ》らしき深い緑色の、竹柄の渋い紬もある。ざっと並べただけで、趣味がめちゃくちゃだ。

祖母はお茶をやっていたので〝やわらかもの〟も持っているし、大島《おおしま》や塩沢《しおざわ》といった上等な紬もあるにはあるけれど、そういった渋くて落ち着いたきものは、あまり着た形跡がなく、妙に状態がよかった。一方、派手でキャッチーな遊び着のほうは、着倒してすっかり草臥《くたび》れ、汗で衿裏《えりうら》や胴裏《どううら》がすっかりだめになっていた。状態を見ただけで、お気に入りのきものと、そうでないきものがわかった。

プレタきもの、昭和後期の若奥様きもの、ど派手な遊び着。わたしと母と祖母。それぞれの時代、それぞれの事情、それぞれの趣味で買い集められた、きものたち。それらが、わたしがディノスで買った小さな桐箪笥の中で、ケンカしてる。

なにしろそれらは、まぜるな危険。たとえるなら、安物のギャル服と、真面目な〈ラルフ ローレン〉と、ポップでふざけた〈KENZO〉が、ごっちゃになったワードローブのようなものなのだ。質感がちぐはぐゆえ、コーディネートは不可。相性の悪いアイテムばかりが無駄に揃い、まったく収拾がつかなくなってしまった。

そこへもう一人現れたのが、夫の祖母である。


義祖母は小柄でとても上品な、おっとり可愛らしい人だった。いつ会っても身綺麗で、きちんきちんと暮らしていた。家の壁には額縁に入った絵、飾り棚の上には季節の花が生けられ、物が心地よく満ち、時間は穏やかに止まっていた。

この祖母が他界してしばらく経ち、家を取り壊すことになって、形見分けで名古屋に呼ばれたときのこと。二階の納戸に入らせてもらって仰天した。箪笥、箪笥、また箪笥！　あのチャーミングな、世俗の垢《あか》とは無縁のようだった義理の祖母が、まさかここまで衣装持ちだったとは。しかもどうやらかなり晩年まで、旺盛にきものを買っていたようだ。

　とてもじゃないがすべての引き出しを開けて、中の畳紙をめくって一枚一枚チェックする時間はなさそうだ。手近な引き出しを開けて、当てずっぽうに何枚か広げてみるくらいのことしかできない。そしておそらく、手近な引き出しはどれも最近まで稼働していたのだろう、そこには当然、ごく最近のきものが詰まっていた。八十代の義祖母が、わりと最近まで着ていた、きもの……。

「マリコちゃん、これとかどう？」

「あー…、そうですね〜」

「これいいんじゃない？」

「う、これはさすがに……」

　義理の両親に挟まれ、義理の祖母のきものを漁《あさ》っているときの気持ち。それは、ものすごくお世話になっている目上の人に、圧倒的に趣味の合わない店に連れて行かれたときの気持ち以外のなにものでもない。

激シブな古典文様の帯を手に取り、

「いやぁ〜、全然趣味じゃないんでいらないです！」

とは言えず、「すてきですね……」とうっかりつぶやいてしまったが最後、じゃあぜひ持って行ってね、となる。とにかく、どれも買ったときの値段はそれなりに高そうなので、捨てずにすむならと、貰えば貰うだけ喜んでくれる。やばい。引くに引けない。


上品な義祖母らしく、きものの趣味も品よく地味好みである。

たとえば一つ紋の色無地は、色見本とにらめっこしたところ、裏葉柳《うらばやなぎ》という色らしいことがわかった。柳の葉の、裏の、薄い緑色という控えめさ！　さらに義祖母は、好きなきものや帯を、バリエーションをつけて集める人だったようだ。木綿の縞帯《しまおび》が微妙な色違いで三本もあったので、どれか一本というのは逆に選べず、三本とも貰ってきてしまった。それから、黄唐茶《きがらちゃ》の紬。こちらは色無地と言ってもよさそうなくらい上品だ。そのカジュアル版として揃えたのか、よく似た

ときめきからは遠いものの、とにかく万能な萩の帯。値段も、たしか一万円ちょっとと手頃だった。

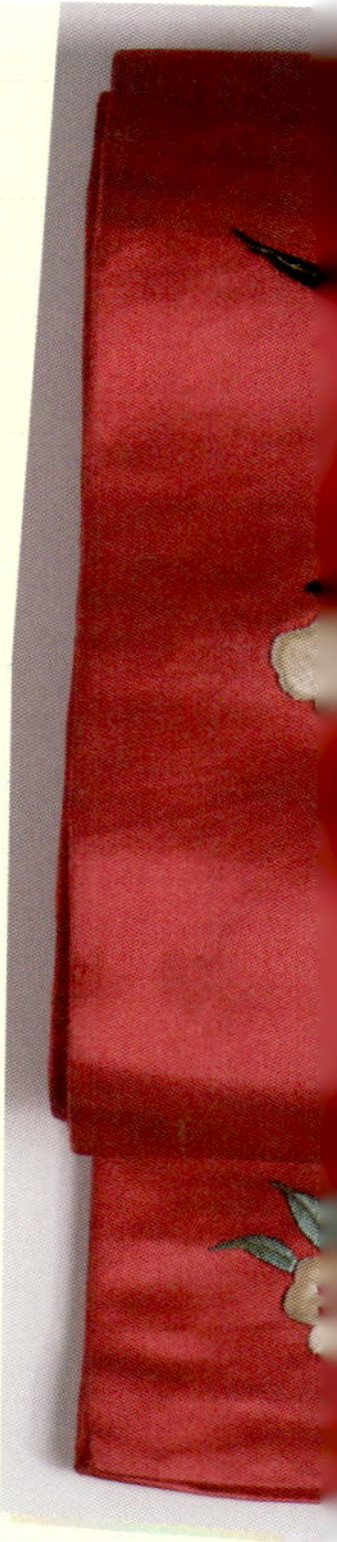

祖母といえばパッションピンク。洋服でもピンクを好んだ。祖母の簞笥からもらってきたものの中でも、この帯はかなり古そうで、絹の手触りが違う。

シックで上品な義祖母らしい源氏香の帯。渋い！　わたしにこの帯が似合う日は来るのか……？

色みにうっすら格子の模様が入っている街着風の紬もあった。

銀鼠《ぎんねず》色の源氏香《げんじこう》文様の名古屋帯や、茶色に吉祥文様がちりばめられた名古屋帯は、見るからに還暦以降の女性が締めるに相応しい。うーんうーん、まだいらないんだけどなぁと内心困り果てつつ、断るに断れない。逆サービス精神を発揮してしまって、全然欲しくないものも、貰ってしまった。

プレタきものとの別れ

かくしてディノスの桐箪笥には、戴《いただ》き物きものたちが詰め込まれることとなった。プレタきもの、昭和後期の若奥様きもの、ど派手な遊び着、そして激シブ地味きもの。わたし、母、祖母、義祖母。時代も趣味も、てんでばらばらの四人のワードローブが一堂に会し、とてもじゃないが、箪笥に入り切らない。あまりにもきものが溢れてしまって、なんとかしなきゃと思うのだが、正直、考えたくない。これに向き合う時間がない。無視だ、無視！　というわけで、貰うだけ貰ってこ数年、ずっと放置していた。

ところで、わたしにきものをくれた全員、おそらくこれまで一度も、きものを処分したことはないようだった。一度も袖を通さず、箪笥の肥やしでしかなくても、大事に取っておいた母。祖母や義祖母も、買うことはあっても、捨てたことはない気がする。買えば買うだけ、きものは増える。仕舞いきれなくなったなぁ、じゃあ箪笥を増やそう、という発想。地方の一軒家は広いので、そういうことが可能なのだ。

祖母たちはきものに限らず、まだ使えるものを捨てることを禁忌としていた。ものを粗末にしては罰が当たる。この観念は絶対だ。食べるものはもちろん、形あるものすべてに対してそうだった。戦争を体験した人たちは、終生そのような価値観だった。戦争が、それほどのトラウマになったということでもある。

祖母からも母からも、ものを大事にすべし、という考えはしっかり伝承されている。わたし自身、青春期を送った一九九〇～二〇〇〇年代は、好きなものに囲まれて暮らすことがなによりの幸せだと思っていた。洋服はもちろん、せっかく集めた本やCDやビデオソフトも、絶対に手放せなかった。好きなものに囲まれることで、やわやわな自分をプロテクトしていた部分も大いにあった。

ものに対するそういった価値観が、二〇一〇年前後にガラリと変わる。断捨離やこんまりメソッドといった片付けブームによって、ものは捨ててもいい、とされるようになったのだ。収納におさまりきっていないものや、ときめかなくなったものは処分してもよいという、新しい考え方だった。

それまではものを捨てるとき、「もったいない」という言葉が頭をもたげて、罪悪感が伴った。けれどこれらの片付け伝道師は、罪悪感を抱かなくていいと言い切った。断捨離という言葉も、こんまりという存在も、ものを捨てる上での免罪符になり、捨てるハードルを下げた。「捨てていい」は、長いこと囚《とら》われてきた「ものを粗末にしては罰が当たる」という考え方から、わたしを解放してくれたのだった。

そういうわけで、収納しきれないきものは、まあ、手放すしかないよなぁと、思うに至る。断捨離の「断」は「新たに手に入りそうな不要なものを断つ」だぞうだが、前述のとおり「貰って貰って」攻撃に屈して惨敗しているので、どうしようもない。すでにある不要なきものを処分することにした。

すでにある不要なきものといえば……。

三十代の半ばに差し掛かってみると、あれだけ夢中で集めたプレタきものが、びっくりするほど似合わなくなっていたことは、すでに書いた通り。洋服もそうだが、キャッチーなデザインであればあるほど、寿命は短い。ペラッとした化繊も、若い肌にはしっくり似合うが、着心地からいっても苦手になってくる。やはりポリエステルのプレタきものと相性がいいのは、ハチ切れんばかりに活きが良い、若い女性だけなのだ。

そもそもポリエステルなら虫に食われる心配がないので、わざわざ桐簞笥に収納する必要もない。桐簞笥から追い出されたプレタきものを前にして思った。

たぶん二度と着ることはないだろう、若返りの薬でも発明されない限り。

わたしはプレタきものたちを棺桶《かんおけ》大の段ボール箱に重ね入れ、「着物高価買取」を謳《うた》うネットショップに送った。

ここで少し、プレタきものへの賛辞を付記しておきたい。

わたしがハマった〈ふりふ〉のような、大手の呉服専門店が若者向けに展開するブランド、ショップはいくつかある。そういった店は、ターゲット層と同年代の店員さんが楽しげに働き、洋服の買い物と同じ感覚で、きものとファーストコンタクトできる貴重な場である。そしてそこに並ぶ商品は、きもの入門のハードルを下げる工夫がされており、店員さんたちは、きものとの接点がなかった一見《いちげん》の客を、ものすごく丁寧なケアで、きもの好きの輪に導いてくれる。

きものに関してなにが難しいって、はじめることなのだ。

母から子へ、四季折々の行事を祝うなかで自然ときもの文化が継承される——なんてのは美しい幻想で、残念ながらいまの日本では絶滅したに等しい。代わりにきもの文化の継承、新規ファンの開拓を担っているのは、ショップ店員さんの手厚い接客なのだ。とても資本主義的ではあるけれど、致し方ない。

自分でも不思議に思うのが、最初にアンティークきものに惹かれたのに、アンティークきもの屋さんには行かなかったことだ。たぶん、ハードルが高いと感じて二の足を踏んだのだろう。アンティークきものの方がリーズナブルだし、そういったお店の店員さんもとてもフレンドリーなのだが、きもの経験ゼロの人間が野面で行って、手取り足取り教えてもらうような場ではないと思う。

そこへいくと〈ふりふ〉は、むしろ一見さん大歓迎！　と、まるでのぼりが立っているように見えた。いつ行っても歓待され、どんな無知な質問をしても笑われず、楽しく買い物できた。次々入荷する新作に心を惑わされ、身を持ち崩しかけるほどローンを組むことになったのは誤算だったが。

ほんの一年足らずの蜜月だったけれど、これほど世話になったお店もない。たぶんあのとき〈ふりふ〉に足を踏み入れなければ、わたしはいまだに「きものかぁ〜、興味はあるんだけどね」で止まっていた気がする。非効率で破れかぶれなハマり方ではあったけれど、自分はプレタきものだったから、きもの道を歩きはじめることができたのだ。

　そんなわけで、ありがとう〈ふりふ〉、ありがとうプレタきもの。

　そうしてわたしは数点のお気に入りを残し、プレタきものや帯を、一斉に手放した。「着物高価買取」の言葉を信じて、査定を待った。

　数日後、査定結果のメールが来た。

　わたしが複数のローンを組んで買ったプレタきものたち、そりゃあ覚悟はしていたものの、ちょっとここに書くのが憚《はばか》られるほど、値段がつかなかった。値段に納得いかない場合は、きものを返してくれるという。値段にはまったく納得いっていないが、送り返すのだけは絶対にやめてほしい。というわけで、わたしは泣く泣くその査定を飲んだ。

　これ以上プレタきものの名誉を傷つけたくないので、いくらで売れたか、その金額は墓場まで持って行きます。

日本きものシステム協同組合のトークショーにて。呉服店の方に選んでもらった白系のきもの、ステージで映えてました！

友達と人力車で浅草めぐり。この有松絞りの浴衣は『すべてのことはメッセージ　小説ユーミン』執筆の際、ご実家の荒井呉服店にて松任谷由実さんにお見立てしていただき、購入したもの。

まだやる気があった２０１８年のおでかけ写真。黒ストールが派手コーデを中和させてくれる。

バレエ鑑賞できものリハビリ。母の箪笥にあった梅小紋で。これが昭和の若奥様きものだー！

招待されて出向いたシャネルのショーにて。なにを着て行こうか迷う場でも、きものなら胸を張っていられる。

母の箪笥からやって来た椿の紅型
は、なにかと着ている冬の定番。

四章　ときめきを取り戻せ！

戴き物きものと向き合う

きものにハマり、夢中になって買い集め、思いきって手放す――というプロセスを経て、手元に残ったのは、母、祖母、義祖母から譲ってもらった、戴き物きものたち。手仕事で作られたもので、どれもけっこう上等そう。わたしとしても愛着がある。

ただ、いずれも欲しくて欲しくてたまらなかったもの、というわけではない。三者三様の簞笥の中を覗き、「うーん微妙」と眉間にしわを寄せつつも、「マリちゃんこれ持って行きな」と外野からのプレッシャーに負けて渋々いただいたものも多く含まれている。

そのせいか、きもの簞笥を開けるときのテンションは、戴き物が増えれば増えるほど、静かに下がっていった。プレタきものを前にすると、あんなにきゃぴきゃぴ胸が弾んで、着て出かけたくてうずうずしたのに、戴き物きものたちを前にすると、「どうすんだよこれ」という心境になるのだ。

そう、ここ数年わたしのきもの熱をクールダウンさせた犯人は、間違いなくこいつらだった。いやありがたいんだけど、素晴らしい継承だとも思うんだけど、やっぱ趣味がさぁ……。こうして、わたしのディノスの桐箪笥もいつの間にか、母の箪笥の二の舞になっていた。

そんなある日、きものへのマインドセットが変わるきっかけがあった。祖母の家が取り壊されたのだ。

九十代となった祖母はここ数年、施設で過ごしており、もう自宅に戻ることはない。空き家となった家をどうするか。長年の課題に、跡を継いだいとこが、ついに建て替えを決めた。祖母の家は大きく、このまま住み継ぐにはあまりにも不便なので、取り壊したうえで新たに家を建てることになった。

いとこが下した決断に異論はないし、事情はとてもよくわかる。それでも、家がなくなることへの一抹のさびしさはあった。

大正〜昭和一桁生まれの祖父母は、戦争と高度経済成長という、両極端な社会の変化のど真ん中を生きた。富山市内は大空襲に遭っているため、焼け野原からのスタートだった。その後の上昇を生きた人々のさがだろうか、祖父母ともに、物質的な豊かさに対してとても無邪気だった。

言うまでもなくこの時代の豊かさとは、便利な暮らしを送り、物をたくさん持っていることだった。だから祖父母も、立派な家を建て、庭を造り、きものを買い、美術工芸品なんかも気の向くままに収集した。一度買った物は捨てられることなく、ひたすら家に溜まっていった。戦後復興を成し遂げた世代の、夢の欠片《かけら》。その堆積物《たいせきぶつ》をどうするかは、その恩恵を受けてぬくぬく育った、われら孫世代の命題でもある。

地震の多い日本の場合、古い家を維持して住み継ぐことはとてもハードルが高い。ちょっと調べたところ、家の寿命はそもそも木造住宅で約三十〜八十年が目安。鉄骨住宅で約三十〜五十年、鉄筋コンクリート住宅で約四十〜九十年という。適切なリフォームをすれば耐用年数は延長するものの、祖父母の家はすでに半世紀を過ぎており、取り壊して建て替える、という選択は妥当だった。

子どもの頃からしょっちゅう遊びに行っていた、第二のわが家のような、祖父母の家。庭には池があり、鯉がいた。アメンボが水面《みなも》をすいすい歩いていた。勝手口のドアを開けるとすぐ台所。祖母はいつもここに立ち、昼からリビングのテーブルに陣取る祖父に料理を出していた。小さい頃のわたしはテーブルの下に潜り込み、しーんとした気持ちで、大人たちの会話を遠くに聞いていた。絨毯《じゅうたん》の手触りや匂い。祖母が淹れてくれたお茶の味。

昨年、祖母の家が取り壊され、跡形もなくなった様子を見て、こう思った。

家は住み継ぐことができなかったけれど、その代わりに、きものを生かそう。「肥やし」とか言ってないでちゃんと向き合おう。断捨離なんて考えないでずっと持ちつづけよう。古い家をリノベするのと同じような心持ちで、わたしはこの、戴き物きものを、長く大切に着るのだ。

体を海苔の缶に！

心意気だけは改まったものの、さてどうすれば戴き物きものを少しでも自分好みに着られるか。どうすれば、失われたきものへのパッションが復活するか。

とにかく、きものや帯はもう充分あるし、収納スペースを考えると安易に増やせない。見ると欲しくなるので、長らくきもののお店に近づくのも、ネットショッピングも避けていたほどだった。

けれども、胸がときめいて、思わず「きゃー！」が出るアイテムを増やさないことには、きものを着たいという気持ちにはどうしてもなれない。いまの自分に必要なのは、手持ちのきものを着たいと思えるアイテムなのだ。


きもの熱が上がらない理由はなんだろうと考えて、箪笥を見渡し、もっとも「ときめき」から遠い存在を見つけた。長襦袢である。長襦袢は本来、下着だ。現代では、和装ブラの上に肌襦袢（肌着の役割）を着るのが普通なので、その上に着る長襦袢は、インナーみたいなポジションになっている。袂《たもと》から布地がチラッと見える程度だから、よほどこだわらない限り、白一択となる。

着付け教室で最初に、腰紐《こしひも》や伊達締《だてじ》めといった和装小物を一揃えした際、問答無用で薦められて買ったのは、いわゆる「うそつき襦袢」だった。二部式、つまり上下セパレートで、半襦袢と裾除《すそよ》け（巻きスカート状のもの。腰巻きともいう）がセットになった商品である。

「うそつき襦袢」は奇妙な細工でできており、説明がとても難しい。

前身頃、背中、肩回りには、晒《さらし》が使われている。ただ、肩から下、腕からたらりと下がった袖《そで》だけは、つるりとした、きものっぽい生地が縫い付けられている。つまり、見えない部分はなんでもアリ、見える部分だけきちんとしていればいい、といった感じで、ツギハギされているのだ。ちなみに袖が付け替えられるように、マジックテープ式になっているものもある。

きものの世界にはこんなふうに、着付けのハードルを下げるための工夫を凝らしたアイデア商品が多い。うそつき襦袢はその筆頭。ロマンと現実が渾然《こんぜん》一体となった襦袢に、「うそつき」と名付けた人の遣《や》り手ぶりが光る逸品だ。

最初に見たときは、なんて珍妙なものなんだと目をゴシゴシしたが、たしかにこれはとても便利なものだった。左右の衿《えり》先にひらひらした紐がついていて、それを衿の後ろの「衣紋《えもん》抜き」という隠し細工に通してきゅっと引けば、簡単に形よく衿が抜ける。晒なので、手のしで撫でればシワも目立たない。実用性は抜群。

「姿良くきものを着るには、まず土台を整えることが大事です」とは、着付け教室で最初に教わった格言である。長襦袢の段階でシワが寄っていては、きものがきれいに着られない。そのためにも、初心者が扱いやすい「うそつき襦袢」はマストアイテムだった。

ただ、着付け教室で「うそつき襦袢」を着て鏡の前に立った瞬間、ひゅーっと白けた気持ちになったのも、また事実なのであった。

わたしが通っていた着付け教室が理想とするのは、いわゆる「画報」的なきもの姿である。「婦人画報」や「家庭画報」といった、ハイソサエティの香り漂う、リッチな奥さまたちの世界。ああいった世界に憧れて、格の高いきものをちゃんと着るための、着付けの習得を目指しているのだ。この世界で「だらしない」は忌むべきことであり、一分の隙もなくピシッとした着姿こそ美しい。先生たちはとにかく着崩れることを恐れていた。

そのためには、体を筒型にするのが理想ですと、まず教わる。胸のでっぱり、腰の窪み、お尻の張りを、腰パッドやタオルなどの詰め物で補正して、凹凸のない、海苔《のり》の缶みたいな筒形にするのだ。

女体をまず一旦、海苔の缶にする。

これはフェミニズム的になかなか面白い事象だ。〝女性らしい〟美を体現するために、〝女性らしい〟とされる体の特徴をすべて殺すところからはじめるというのは。

衣服としてのきものの、抑圧的な要素の多さについては、いずれちゃんと考えたいところではあるが、ともかく、わたしは着付け教室の初手で、「海苔の缶みたいに！」と、理想を叩き込まれたのだった。

きものを纏《まと》う前の襦袢の状態は、言うなれば白鳥の水かき。優雅に湖面をすーっとたゆたう白鳥も、水中では足をバタバタさせている。光あるところに影あり。というわけで、襦袢は単に土台でしかなく、影の存在という扱いだった。

わたしも、襦袢にこだわってはいなかった。

うそつき襦袢のほかに、ポリエステルの赤い長襦袢も持っていた。いちばんよく使っていたのは、義祖母の箪笥にあったサラピンの絹の長襦袢だ。うそつき襦袢のような細工もない代わりに、味も素っ気もないクリーム色の長襦袢。いかにも下着という感じの生々しい長襦袢だ。

箪笥を見回し、くったりしたクリーム色の長襦袢を見て、わたしは思った。この箪笥の中でいちばんときめかないものは、これだな。

やっぱりわたし、きものには、もっとときめきたい。

見えないからなんでもいいという発想は、ある意味、正しい。実用性を極限まで高めた便利な商品は素晴らしい。現にわたし、洋服では「見えない部分はなんでもいい」派である。見目麗しいランジェリーをいいなと思いつつ、そこにお金をかける気にはなれない。着心地がよくて丈夫で安い、カップ付きインナーを愛用している。

だけど、きものはわたしにとって、もとより非日常なのだ。そこはやはり、「うそつき襦袢」でもなく、「おばあちゃんのベージュの肌着（みたいな長襦袢）」でもない、なにか素敵なものが欲しい。もっと夢のある、ときめきをくれるアイテムが欲しい。

パソコンに向かうわたしの指先は、気がつけばネット検索の小窓に、こう打ち込んでいた。

京都　紫織庵――。

芥子色の長襦袢

三つ子の魂百まで、とはよく言ったもの。二章に記した、そう、あの〈紫織庵〉である。展示会で出会い、長襦袢の生地を無理やり羽織と帯に仕立ててもらったあの紫織庵に、わたしは十年の時を経て、還《かえ》ってきたのだ。

紫織庵は京都の老舗呉服メーカー。大正〜昭和初期の柄を復刻した浴衣を毎年発表しているので、そちらで名前を知っている人も多いかもしれない。浴衣も素敵だが、わたしは長襦袢の柄にがぜん惹かれた。蔵に眠っていたデザインを掘り起こし、「大正友禅」を復元させたシリーズだ。

あのころは、大枚をはたいてわざわざ長襦袢を買うような余裕はなかった。けれど今こそ、長襦袢が欲しい。紫織庵の、大正友禅の長襦袢が。

ところで長襦袢といえば、再びご登場いただくのが、きもの研究家のシーラ・クリフさん。インフルエンサーとしてきものの魅力を世界に発信するシーラさんに、雑誌「七緒」で対談した際に聞いたお話が印象深かった。

シーラさんときものとの出会いは、骨董《こっとう》市で見かけた長襦袢だったという。芯まで真っ赤な色に惹かれて、これがきものかぁ〜と手に取ったところ、それは襦袢、下着であると教えられ、驚いたそうだ。

「こんなに美しいものを、下に着るなんて！」

さらに、自分らしいきものを探す過程で、大きなヒントを発見したこんなエピソードもお話しくださった。

きものに興味を持ち、着付けを習いに行った若き日のシーラさん。そこで出会った先生が、芥子《からし》色の長襦袢を着ていたそうだ。白や薄ピンクといったありがちな色ではなく、ましてや例の「うそつき襦袢」でもなく、芥子色の長襦袢！　それを見て「メッチャオシャレ！」と感銘を受けたと、シーラさんは熱く語った。その芥子色の長襦袢を見た瞬間、自分がきものに求めているものがはっきりわかったそうだ。

そのときのシーラさんの気持ちが、手に取るように伝わってきた。

思わず心を奪われ、フェティッシュななにかに目覚める瞬間。そういう出会いを重ねて、自分がなにを好きなのか知り、どんどん自分らしいスタイルを確立していったのだろう。シーラさんの思い出をうかがい、ふむふむと追体験したわたしの脳裏にも、その芥子色の長襦袢は、くっきりと刻みつけられた。

なによりそれが「芥子色」だったことが、わたしのハートに響いた。

というのも芥子色は、母の好きな色なのだ。

母はそれほどファッションに興味がなく、あまり好みを口にすることもない。洋服の買い物はいつも渋々といった様子だった。そんな母がめずらしく、小学生だったわたしが選んだマスタード色のズックを指差し、いい色だねと褒めてくれたことがあった。

「お母さん芥子色が好きなの」

何気ない言葉だった。言った本人は忘れているであろう。

けれど小学生のわたしには、妙にぐっとくるものがあった。自分が選んだものを、「いいね」と肯定してもらえたのが単純にうれしかった。「わたしもそれ好きだよ」と、言ってもらえたことの喜び。子ども時代のそういう小さな思い出は、ずっと残る。

かくしてわたしの中でそれ以来、芥子色は特別に「いい色」なのだ。

そして、シーラさんのお話を聞き、「芥子色はいい色ですもんね」と合いの手を入れているときにはもう、わたしも芥子色の長襦袢が欲しくなっていた。そして、紫織庵のホームページをうろうろしていたとき、これだと思う美しい柄を見つけたのだった。

〈雲取疋田　金茶地に紫雲取〉

よ、読めない!

長襦袢を買いに京都へ

〈くもどりひった　きんちゃじにむらさきくもどり〉

サンプル画像をもとに描写すると、ベースは金茶～金色がかった茶色で、芥子色よりも濁りのない、それでいて深みのある黄である。そこに、紫色の雲取の柄が入っている。雲取とは、もこもこした雲を描いた形で、ふんわりと雅《みやび》やかに空を漂う文様。さらには疋田、つまり疋田絞りのように、全体に点々と草花の模様が白く抜かれている。見るからに凝った作りだ。なにより金茶地の、色みがよかった。

二〇二三年、久しぶりの京都旅行で、わたしは西陣《にしじん》の景観保全地区、浄福寺通《じょうふくじどお》にある〈ギャラリー紫織庵〉に向かった。

ゆったりした道幅に石畳が整備され、車もあまり通らず静かなところだった。格子が嵌《はま》った京町家、入口から土間をずんずん奥に進むと、太い梁《はり》が天井に渡された広々した空間に出た。元は織物工場だった跡地を、リノベーションして活用しているそうだ。壁一面に「大正友禅」の長襦袢の生地が展示され、小上がりには新作浴衣も並ぶ。

ここへ移転したのは二〇一八年、もともとは「京のじゅばん&町家の美術館紫織庵」の名で中京区《なかぎょう》にあった。大正時代に建てられた京町家に、きものと長襦袢を展示したミュージアムだったそう。この建物は現在、〈くろちく八竹庵《はちくあん》(旧川崎《かわさき》家住宅)〉として保存されている。

わたしがギャラリー紫織庵を訪ねたとき、お店の方がお二人いらっしゃった。お店の主人と奥さまとお見受けした。街の小さなきもの屋さんでも、なかなかの大《おお》店《だな》であっても、呉服屋さんというのはたいてい、夫婦が同等に働いているものだ。紫織庵のお二人も息のあった掛け合いで、京都人パワーが炸裂《さくれつ》した面白いお話をたくさん聞かせてくださった。すごい情報量だったので、ここではちょっと割愛させていただくが。

ともあれそこでわかったのは、復刻した「大正友禅」も、すっかり品薄になっている現状だった。わたしが狙っていた〈雲取疋田 金茶地に紫雲取〉はすでに在庫がなかった。型紙も残っておらず、二度と作れないそう。

なんてこった……。

膝から崩れ落ち、ちょっと小上がりに掛けさせてもらった。

聞けば、高齢の職人さんがコロナ前後に廃業したことで追い打ちがかかり、もう一段階、灯りが小さくなっているらしい。新しく作る予定はなく、在庫はどれも、今あるものでおしまいという。

あれこれお話しするうち、こちらが芥子色〜金茶地の色を求めていることを見抜いた奥さまが、白生地のいいものが少し残っているので、それを染めてはどうかと提案された。

「なんとっ⁉」

わたしはうろたえた。

だって、白生地を染めてもらうなんて、上級者のやることではないか。

あれ？　でもわたし、もうあの頃みたいな金欠の小娘じゃないぞ。筆一本で立派に生きている、働き盛りの四十代女性だぞ？　なにを思い煩うことがある。白生地を染めてもらったって、全然いいじゃないのさ。

結局わたしは、長襦袢を二反購入した。

一つは、菊の地模様が入った綸子《りんず》の白生地を、芥子色に染めてもらったもの。芥子色の長襦袢は、主張の強い祖母のきものともしっくり合いそうだ。そしてもう一つは、「大正友禅」復刻シリーズの〈花鳥画 レトロローズ地〉。地の色が桜鼠なので、義祖母の色無地や母の小紋といった、やわらかもの用にちょうどいい。あんまり上品すぎるのは苦手だが、桜と雀が描かれて、素直にかわいらしいのが気に入った。

お目当ての柄は買えなかったけれど、わざわざ京都まで来た甲斐のある、いい買い物だった。

ギャラリー紫織庵にあった長襦袢、全部欲しい。けれど、いくらお金があっても、それらはもう買えない。「これ在庫ありますか？」とたずねるたび、あったりなかったりといった具合だった。

「今あるものでおしまい」

という言葉が、少しさびしく耳に残った。

きものが昔のように、人々に日常着として着られることは、二度とないだろう。廃れる寸前で踏み留まってきた文化が、いよいよ土俵際いっぱいまで追い詰められているのを感じた。そう遠くない未来、新しいものが生み出されることはなくなり、「今あるものでおしまい」の世界が広がっていると思うと、しんみりした。

十年ぶりできものと向き合い、見えてきた現実。

きものが、思っていたよりずっと、儚いものになりつつあるのを感じた。

五章　メンテナンスと収納

町の呉服屋さん

〈紫織庵〉で注文した長襦袢が染め上がり、京都から反物が届いた。包みを開けると、目にも鮮やかな芥子色！　白生地を染めてもらうのははじめてなので、お店で見せてもらったあの純白の布に、ここまで深く色が入っていることに、単純にたまげてしまう。

地模様といっても大柄の菊はなかなかに派手だけれど、芥子色にはそれに負けない濃度があって、とても好みに仕上がっていた。芥子色、やはり好きだ。好きな色には露骨にテンションが上がるなぁ。桜鼠の花鳥画の反物と合わせて二反を持ち、さっそく仕立ててもらおうと、近所の呉服屋さんに向かった。

この町に引っ越してきてかれこれ九年。歩いて行ける、町の小さな呉服屋さんをなにかと頼っている。

ショーウィンドウには季節のきものが飾られ、夏が近づくと幼児用の浴衣セットが並ぶ、庶民の店である。そりゃあきものを着る人自体が少ないので千客万来というわけではなさそうだが、ぱっと見ただけできちんと回転しているいいお店であることがわかり、なにかあったらここに頼もうと思っていたのだった。

最初は、祖母のきものを洗《あら》い張《は》りに出しに来た。

箪笥に長年眠っていたきものはどれもほこりっぽく、愛用していたきものは、裏地が染みだらけのものもけっこうあって、とてもそのままでは着られない。なかには洋服だったら確実にポイしているであろう、悲惨な状態のものもあった。

けれどこれがきもののスゴイところなのだが、「洗い張り」というメンテナンスをすれば、甦《よみがえ》らせることができるのだ。

きものは縫い目をほどくとバラバラの布になり、それをざくざく縦に縫い合わせれば、一枚の長い布＝反物に戻る。その状態にしてざぶざぶ、ごしごし、水を通して大胆に洗い、糊付《のりづ》けして干す。このとき、竹ひご状の不思議なアイテムを使って、シワをぴんぴんに伸ばす。そうやって乾かし、縫い合わせた糸をほどいてパターンに戻し、再びきものの形に縫い上げる。これで完成。

生地があまりにも薄くなっていたり、よほどの汚れがついていたりすれば別だけれど、洗い張りをすればたいてい、新品同様の輝きが戻ってくる。ちなみに、袷《あわせ》（裏地のついたきもの）の場合、汗染みはたいてい裏の白生地（胴裏と呼ばれる）部分にできる。裏地のおかげできものへの致命的なダメージは防がれる仕組みだ。

昔はこの洗い張りの作業も家事のひとつで、自宅で主婦や女中といった家事従事者の女性たちが、家族中のきものの手入れを担っていた。数年前に、『母の手仕事─日々の暮らしの記録』というドキュメンタリーを見たことがある。おせち料理から布団の綿入れまで、すべての家事の手順が身についた昭和の主婦は、現代の主婦とはまったく意味の違う、職人と呼ぶに相応しい高度な技術者だった。ドキュメンタリーには洗い張りする様子も映り、その労働量を目の当たりにした。とにかく大変な手間なのだ。

もちろん現代では、洗い張りを自宅でできる人はほとんどいない。専門店に出すことになる。そして洗い張りは当然ながら、洋服のクリーニングとは桁違いにお金がかかる。洋服のクリーニングは数百円だが、和服の洗い張りは万単位だ。

メンテにお金がかかることで敬遠する人は多いし、それがネックでなかなかきものに手がのびないケースもあるだろう。服なので、着れば汚れる。汚れたときに気軽に洗えないとなると、どうしても腰が引ける。

わたしの腰も重かった。

祖母のきものを保管しつつ、少しずつメンテナンスをはじめた。

町の呉服屋さんへ、風呂敷に包んだきものを横抱きにして向かい、ちょっぴり勇気を出して扉を開けたのは、何年前になるだろうか。

対応は店の主人だったり奥さんだったりするが、二人とも雰囲気が似ている。おっとり穏やかで品がよく、とても感じがいい。一度、スペシャルゲストのようにおばあちゃんが顔を出してくれたこともあった。わたしが持ち込んだきものは古いので、より詳しいおばあちゃんに意見が求められたのだ。いまの時代、ご老人の知識がこんなふうにリスペクトされ、頼りにされる場面もそうそうないのではと思い、とても気持ちがよかった。

洗い張りひとつとっても、きものは本当によくできた服飾文化だなぁと感心してしまう。きもの以上にサスティナブルな衣服はない。染め替えや染め直しも可能なので、生地はそのままに、色柄を変えることまでできる。傷みがあって一枚では着られなくなったきものは端切れになる。それこそきものが日常着だった時代は、破れるまで着て、最後は生地を裂いてはたきにした。

そういう幸田《こうだ》文《あや》的な暮らしを、実際に体験したわけではない。それでも、その余波のような感覚を、子供時代に祖父母を通してうっすら味わったことは確かだ。

きものが日常着だった時代の日本人は、現代の日本人とは、なにかが違った。もうほとんど忘れかけているのだが、きものと付き合っていると、ふとした瞬間にそういう、かつての日本人が持っていた、なにか大切なものを思い出すことがある。

はじめて町の呉服屋さんで洗い張りの依頼をしたとき、寸法を測ってもらった。身丈と、胴回り、それから裄丈《ゆきたけ》。裄は、首の付け根から手首までの長さ、要するに袖《そで》の長さだ。祖母のきものはわたしには裄が少し短いことも、このときわかった。肩の縫い代を出せば、少しは伸ばすこともできますよと言われ、お願いする。

そうそう、わたしが母やダブル祖母からぽいぽいきものを貰えているのは、身長がそこまで違わないおかげである。みんな、一五七センチのわたしよりは少し小さいが、お端折《はしょ》りで充分調整できる範囲なのだ。

お端折りは帯の下にくる、生地の余りの部分。対丈《ついたけ》で着る男性のきものと違って、女性のきものは身長よりも長めに作られている。お端折りは着るときは扱いの難しい余り生地でしかないけれど、これがあるおかげで、アジャスターのように長さの調整がきく。

そうして町の呉服屋さんで洗い張りに出したきものたちは、胴裏を替えたり、八掛を替えたり、ちょっとだけサイズを直したりして、ピカピカになって戻ってきた。絹は水を通すことで瑞々しい艶《つや》を増す。見違えるような、新品同然の仕上がりだった。

洗い張りのみの料金は一万数千円が相場だが、手縫いの仕立て直しが入ってくると、四万円を超える金額が一般的なようだ。たしかにお金はかかるが、代金に見合った素晴らしい職人仕事。いまならネットで調べれば、最安値でやってくれるショップも見つけられるだろう。しかし、なにしろ洗い張りは、手作業の重労働である。人様にやってもらっておいて、そこに安さを求めるのはちょっと浅ましい感じがする。ここは安さではなく近所のよしみで、町の呉服屋さんに出すと決め、財布と相談しながら少しずつ、祖母のきものをきれいにしてきた。忘れた頃に、ボロボロのきものを持って現れる怪しい客のわたしに、店の方は「で、あなた何者ですか?」みたいなことは一切訊《き》かない。あくまで、持ち込まれたきものについてのみ、充分な情報のやり取りをする。適度な距離感を保ってくれる。

きもの入門編でお世話になったような、友達感覚の熱っぽい接客は、こちらのきもの熱が沸騰しているときなら最高のマッチングだけれど、そうでなくなった途端、一瞬にして心が離れてしまう。

けれど町の呉服屋さんは、いつも平熱で、適温で、ハイでもロウでもなくニュートラルで、接客態度が安定している。商売っ気を出すこともなく、控えめに助言や提案だけくれる。最初に測った寸法が、手書きの顧客ファイルにきちんと収められているので、反物を渡して「長襦袢に仕立ててください」とお願いすれば、あとは仕上がりの電話を待つだけだ。

さて先日、電話が鳴った。

預けていた紫織庵の長襦袢が仕立て上がりましたとの報に、うきうきと店へ向かう。反物だった長襦袢の生地が、衿《えり》のついたガウン状に縫い上げられ、見事に完成していた。お尻部分を補強するための、居敷当《いしきあ》てという裏地がつき、ちゃんと衣紋抜きもある。文句なしの仕上がりである。

この間ちらりと、息子さんが修業中と耳にした。この店になくなられては困るので、修業ガンバレ！　と密かにエールを送っている。

内なる着物警察

この間、きもの仲間とお喋りしていて、収納の話になった。そのとき彼女が放ったのがこの言葉。

「人に見せられないって言うきもの収納こそ見たいんですよ」

まったく同感だ。

きもの収納の正解はただ一つ。桐箪笥に、畳紙に包んで仕舞う。これである。畳紙も、つるつるした洋紙ではなく、ごわっと肉厚な和紙がよい。中身の見える小窓がついている畳紙は便利だけれど、糊が劣化してしまうので要注意。ときどき桐箪笥の扉や引き出しを開けて風を通すこと。

ええ、その正解は、わたしも充分、存じておるのです。

しかしそれを実行することは不可能なのだ。なにしろ洋服の収納だって常時パンパンなんだから。では、どこにどんなふうにきものを仕舞っているのか。幾度かの変遷を経て現在わたしが実行中のきもの収納についてお話しいたします。ドキドキ……。

それにしてもなぜだ、なぜなんだ。人が着るものをどう仕舞っていようが勝手なのに。洋服だったらなんでもアリなのに。ことききものに関しては、どう収納しているかを人に言うときに、「こんなやり方でお恥ずかしい」という羞恥《しゅうち》と、「叱られる！」という怯《おび》えが先に来てしまう。叱られるって誰にだ？

これはわたしが、着付け教室で基礎を学んだことの弊害なのかもしれない。なまじトラディショナルなところから入ったことで、きもの界隈につきものの、いわゆる「着物警察」的な厳しさを内面化してしまっているのだ。そう、わたしは、着物警察側の人間なのだ！

着物警察……。その被害報告は、ネットではもはやあるあるネタである。きものを自由に楽しんで着ている若い子に、不躾《ぶしつけ》に話しかけて水を差すようなことを言ったり、勝手に帯を直そうとしたりする、年嵩《としかさ》の女性たちのことを指す。言うまでもなく、若年層のきものユーザーから忌み嫌われる存在となっている。わたしもかつては着物警察に怯えたものだ。その種の人々がいることは、二〇〇九年の時点でもすでに知られていた。

たびたび書いているけれど、二〇〇〇年頃を境に、きものの世界は変わった。

まだまだ日本が元気だった証だろう、きものという保守的な世界が、若い人たちのパワーでこじ開けられたのだ。このとき誕生したきものビギナーたちは、おそらくその後、以下の三つの道に分かれていったと思われる。

一、自由な精神で好きなきものを着つづける、我が道を行く派。
二、よりオーセンティックなきものへシフトした、正統派。
三、すっかり熱が冷めてしまった趣味終了派。

この三つのうち、もっとも着物警察になりそうなのは、真ん中のタイプ。つまりわたしだ。実際、白い総レースのレンタルきものを着て歩く若い娘さんを見るたび、「オウッ」とのけぞる。外国人観光客がつんつるてんのきもので歩いているのを見ると、「ハワワッ」と気恥ずかしくなる。ちゃんと教えてあげたい、という気持ちがむくむく湧く。しかし、見ず知らずの人間からいきなり「教えてあげたい」という気持ちを向けられることほど迷惑なことはない。いやぁ、あのころ怯えていた存在に、もう自分がなろうとはね。

いやいや、だめだめ、そんな考えなしに、前の世代の負の遺産（習癖《しゅうへき》？）を受け継ごうとしちゃだめ！　自分がされて嫌だったことは、自分の世代でもう終わりにしなくては。


いま四十代のわたしくらいの世代は、価値観のアップデートのど真ん中に立たされた、中間管理職のようなもの。団塊世代とZ世代に挟まれた、ざっくり三十代から六十代までの「大人」のうち、上の年代の人たちの大半は、言ってはなんだがすでにダークサイドに堕《お》ち、「老害」になりつつある。よほど意識してアップデートしていない限り、若者たちから敬遠されるようなことを口走ってしまう。迂闊《うかつ》なことを言っては、言葉の中に偏見まみれのニュアンスを滲《にじ》ませ、若者の足を引っ張る側になってしまう。

そうならないためにも、己のよろしくない振る舞いはこまめに正したほうがいい。時代の流れは変えられないのだから、さっさと波に乗って、新しい水に体を慣らしたほうがいい。なによりそれは、自分自身を解放することにもつながるのだから。

というわけで話を戻すと、わたしがきものをどうやって収納しているか、内面化された意固地で保守的で頭の固い着物警察が、「やめろ！　そんな恥ずかしいことを書くのはよせ！」と引き止めているのを振り切って、書きます。

いま住んでいるマンションに引っ越してきたのは二〇一五年。和室があり、押し入れ収納があったので、この下段にぴったり入る、キャスター付きの桐簞笥をディノスで購入した。それまではずっと、布製の長持《ながもち》のような衣装ケースに入れていたので、桐簞笥を買っただけでも大進歩だった。

この桐簞笥は、幅と奥行きがちょうど七十五センチ。きものを三つ折りにして小さいサイズの畳紙に入れ、縦に二列並べれば、一段に十枚ほど収納できる。桐簞笥の引き出しは四段なので計四十枚！　充分すぎる収納力……のはずだった。

買った当初は、「この桐簞笥に入る分のきものしか持たない！」と自分に誓ったものだ。ところがダブル祖母のきものが急増したことで、この桐箪笥があっという間に溢れた。きものだけで二十枚をゆうに超え、帯はそれ以上の数になる。浴衣や半幅帯もあるし、羽織もある。これらを一枚一枚、畳紙に入れていたのでは、とても収まりきらない。

そこで、色無地や、袋帯や、金糸の織り込まれた小紋など、上等なものは畳紙に入れる一方、紬《つむぎ》などは畳紙には入れず、ナマで重ねて仕舞うようになった。だって、そうしなければ入りきらないのだもの。

それでも、どうしても、帯が収まらない。

長らく戴き物きものたちは、風呂敷に包まれて床にごろん、みたいな状態だった。和室は簡易納戸と化し、片付いたためしがなかった。いったい何年、この状態のまま、見て見ぬふりをしてきただろう。どう考えても収納が足りていない。桐箪笥一つではもう無理なのだ。

やっぱり無印良品の衣装ケース

現実を直視してやっと重い腰を上げ、収納家具の増設に踏み切った。本当なら同じ桐簞笥を揃えればよいのだが、桐簞笥を二竿《さお》も所有するのは、心理的に重すぎる。そこで、無印良品のポリプロピレン衣装ケースを買い足し、名古屋帯はすべてここに入れることにした。衣装ケースなら万が一きものが減った場合、きもの以外の収納に流用できるし。

プラスチックの衣装ケースを愛用しているきもののユーザーは多い。けれどそのうちの何割が、畳紙なしで、ナマで突っ込んでいるだろう。

ええ、そう、わたしは、畳紙なしで入れているのだ。しかも、下から積み上げると取り出すのが大変なので、こんまりメソッドに倣って、帯を立てて並べている。靴下からデニムまで、引き出しに立てて並べるこんまりの収納方法を、帯で実践しているのだ。

名古屋帯の折り皺《じわ》に合わせて「て（手先）」の部分を畳み込み、さらに半分に折って、「たれ（垂れ先）」の部分がふんわりU字形になるよう高さを揃える。そうすると、お太鼓柄がちょうど上辺に並ぶので、どの帯がどこにあるかは一目瞭然なのだ。

はっきり言って、めちゃくちゃ使いやすい。

けれど、未だかつてこんな適当な収納方法を実践している人を見たことがなく、なにか致命的なミスに至りやしないか、内心ハラハラしている。シワだらけになるとか？　想像もしていない型崩れを起こすとか？　全部カビるとか？　虫がつくとか？

とりあえず漢方敷《かんぽうじき》を入れて様子見中だ。漢方敷は本ウコンが配合された黄色い和紙。これ一枚で防カビ・除湿・脱臭・抗菌・防虫に効果を発揮すると謳われているのを見つけて、さっそく使っている。ちなみに桐簞笥は、畳紙あり&畳紙なしが混在したきものに、京都で買った〈豊田愛山堂《とよだあいさんどう》〉の防虫香を入れている。

果たしてこれでいいのか？　自分にできる収納方法としては現時点でベストなのだが、かといって「これで大丈夫！」とは、太鼓判を押せない。半信半疑で生きてます。

　でもまあ、そのくらい自信なげなのが、いまの時代、ちょうどいいのかも。あんまり自信満々な人って、胡散臭いし。それに、自分が教わったことを唯一絶対の正解と思い込んでいると、常識が変わったときに適応できなくなってしまう。そしてここが大事なことだが、常識は変わるのだ。

　上の世代から教わった基本をもとに、自分の裁量で合理的なアレンジを加えつつ、「でも間違っているかもしれない」という余白も持っておく。

　この先、歳を取っていくにあたっても、この心構えでいきたい。

鮮やかに発色した芥子色に地紋が映える。綸子の柔らかさは格別だ。

翌年、再び紫織庵へ行き、錦紗織の長襦袢をさらに追加で二反、購入してしまった。

ギャラリー紫織庵にて、ずらっと並ぶ長襦袢の生地は壮観！　全部欲しい……。

押入れにジャストサイズの桐簞笥、お値段は四万円ほどだった。

祖母が普段使いしていた（房がバサバサの）帯締めを、小引き出しにまとめて。

疑惑の帯収納がこちら。レコード屋さんのような陳列方式なので、見つけやすさは百点だが、果たしてこんなんで大丈夫なのか……。

六章　自分らしいスタイル

アンティークきもの礼賛

きもの収納の大半が戴き物で埋まっているわたしは、迂闊にきものや帯を買ってものを増やせない身。街できもののお店を見かけても、入りたいのはやまやまだが、入ってしまうと必ずなにか欲しくなってしまうので、そっぽを向くようにしていた。

ここでいう「きもののお店」とは、新作を扱う呉服店ではなく、アンティークきもの店のことだ。『きもの手帖―アンティーク着物を自分らしく着こなす』で恋い焦がれて以来、やはりわたしは戦前のアンティークきものが好きだった。ものを増やせないから買えないのだけど。

〝戦前〟は明治維新から第二次世界大戦での敗戦まで、七十七年もの期間を指す。とくに明治は四十五年と長い。文明開化によって西洋の文化も取り入れられた時代だが、庶民の暮らしは、かなり江戸《えど》時代の名残りが強かったと思われる。

では江戸時代はどんなだったかというと、漫画家・杉浦日向子《すぎうらひなこ》さんの本を読んでいて、こんな言葉を見つけた。

「江戸の町は雀《すずめ》の羽色をしている」

江戸の色調は、くすんだ茶系だったようだ。深川《ふかがわ》江戸資料館や下町風俗資料館へ行くと「たしかに！」と膝を打つのだが、家や建具だけでなく道具や日用品まで、木材をフル活用しているので、木の色合いで統一されているのだ。しかも物を使い込むので木が経年変化して渋みを増し、グラデーションがつく。雀の羽色とは言いえて妙なり。もちろん着るものも同様。「道行く人々の衣類も、黒、灰、茶中心での雀色で、その柄は、無地感覚の小紋や縞《しま》が好まれている」。

次第に西洋趣味と融合し、化学染料が登場したことで、きものはどんどんデコラティブになっていった。大正〜昭和初期になると、スズメどころかインコやカワセミ、クジャクといった鮮やかさ。わたしが好きなのはそういう、華やかなきものである。

高畠華宵《たかばたけかしよう》や加藤まさを――〝女学生文化〟を作った画家の描く少女たちが着

ているカラフルな、くったりたっぷり、柔らかそうなきもの、ああいうのが好きなのだ。全身柄物の奇抜な着こなしなのに、不思議とけばけばしい感じはせず、優美で抒情《じょじょう》的。そのセンスは、ジャパニーズ・Ｋａｗａｉｉカルチャーの源泉ともいうべきラブリーさだ。多様な色といい突飛な柄といい、きもの文化のまさに爛熟期。できればこの時代のきものだけで、ワードローブを一杯にしたい。

　ところが再三語っているように、うちの戴き物きものはどれも、戦後の昭和きもの。柄行から風合いから、アンティークきものとはまったく別物だ。生地がしっかりしていて、質感もずっしりどっしり、生真面目で、なんだか野暮ったい。好きなものと持っているものがちぐはぐ。このミスマッチのせいで、一時期は本当にきものから遠ざかり、単なる〝保管者〟になってしまっていた。

　弾みをつけようと、紫織庵の長襦袢を新調したものの、それはあくまで気分の話。残念ながら、コーディネートとは関係ない。じゃあ一体どうすれば、「肥やし」と化してしまったこのきものたちを、再び着る気になるのか。

　結論から言うと、答えは帯揚げだった。

帯揚げは、横長の大判スカーフといった代物だ。背中にしょった帯枕を包み、脇を通して胸下でからげて、帯の上辺にきゅっきゅっと入れ込み、きれいに収める。すると、帯の上にちょこっとだけ出る。本当にちょこっとだけなので、ぱっと見、まるで存在感がない。

帯揚げを、帯にかぶせるほどたっぷり出すのは、振袖の着付けだけだ。なんなら「見えない」くらい帯の中に押し込めるほうが、粋で大人っぽい着こなしとされている。当然、アイテムとしても後回しになりがちだ。きものや帯に一目惚れして衝動買いすることはあっても、帯揚げを衝動買いというのは、あまり聞かない。わたしも布っきれにお金を出すのを惜しみ、ほとんど数を持っていなかった。

ある日たまたま、散歩していて気になるお店を見つけた。ふらっと入ると、そのものズバリのアンティークきもの屋さんだった。衝動買いを恐れて長年入っていなかったのだが、うっかり足を踏み入れてしまったが最後、気づいたら店内のあちこちを、クンクン鼻で嗅《か》ぎ回る犬のように物色していた。

このアンティークの古布のおかげで、きもの熱が再び高まった。帯揚げだけでなく、半衿としても使える長さ。

日本橋人形町界隈で開催された東京キモノショーへ、祖母の派手きもので参戦。

アンティークきものや帯は、一発芸的な魅力がある。ピンク色のファンタジー感ある色調だったり、動物がモチーフとしてデカデカと描かれていたり。あまりにもキャッチーな可愛さなので、「うわっ！」と驚いて、心を鷲摑《わしづか》みにされ、動けなくなる。

そりゃあコーディネートの汎用性《はんよう》を考えると、地味であればあるほど、可能性が広がる。もし貴方が大人の女性ならば、グレーの江戸小紋こそ、問答無用で持っておくべき一枚だ。どんな帯にも合わせられて、格の高い場にも着て行ける、大人のきもの。わたしも次に反物を買うなら、江戸小紋かなぁ～と思っている。

しかしそれでもなお、四十路《よそじ》を過ぎたわたしの心に棲《す》むモガが、「江戸小紋はあとにして！　アンティークきものをもっと見せて！」と叫ぶのだ。気づいたら、たまたま入ったお店の中を、ガサ入れのようにあちこち見て回っていた。

はっきり言って、どれもたまらなく素敵だった。全部欲しい以外の言葉がない。ここから選ぶなんて不可能だ。だからなにも買わないのが正解なのだ。そう思ってすごすご帰ろうとした瞬間、籠《かご》に盛られた古布に目が留まった。ややや、これはもしかして。

アンティークきものの端切れを、ちょうど帯揚げにできるサイズに切ったものが、籠にぎっしり並んでいた。お値段は一枚二千〜三千円ほど。それを見た瞬間、久しぶりにわたしの血が滾《たぎ》り、買い物スイッチがＯＮに押し込まれた。

そっか！　帯揚げなら場所も取らないし、値段も高くない。アンティークのきものや帯はおいそれとは買えないけれど、帯揚げ用の端切れだったら、いくらでも買っていいのではないか⁉

かってこれだけ気軽に、きもの屋さんで買い物できたことがあっただろうか。お金のことも、収納のことも、ほかの手持ちとの組み合わせのことも考えず、ただ心の赴くままに好きな柄を、あれもこれもと好きなだけ、タガが外れたように見繕い、買いに買った。一見客の突然の爆買いにお店の人もちょっと引いていて、わたしのテンションが怖かったのだろうか、おまけしてくれた。それでも二万円いかないくらいの金額だった。

先のお正月に、何年ぶりかできものを着た。義祖母の黄唐茶の紬に、母から貰った、青地に椿のお太鼓柄の名古屋帯。その中間に、先述のアンティークきもの店で買った、帯揚げを入れた。おそらく元は振袖の〝袖〟だったと思われる端切れだ。卵色やごくごく薄い葡萄《ぶどう》色が混ざり合う淡いベースに、野の花が優しいタッチで描かれている。

このワンクッションが挟まるだけで、全体の印象ががらりと変わった。昭和きもの特有の野暮ったさに、抜け感が生まれた。きものと帯の中間の、小さなエリア。あそこに橋渡し役が挟まることで、干渉しそうな組み合わせであっても、中和され、コーディネートとしてまとまる。帯揚げにはこんな効果もあったのだ。

面積はほんのちょっぴりでも、アンティークきものの質感が足されるだけで、ぐっと自分好みのコーディネートになる！　これに気づいた瞬間、箪笥の肥やしと化していた戴き物きものたちが、宝の山に変わった。

今、わたしの中のきもの熱は、再び小さな炎を上げはじめている。

新しい草履を買いに行かなくちゃ

わたしがきもの離れした、たくさんの要因の一つに、草履がある。わたしが持っていた履き物は、この三つだ。

一、朱塗りのぽっくり「花魁《おいらん》なのかな?」というような代物。
二、下駄　底がぼろぼろに削れている。
三、黒いエナメル草履　鼻緒にビーズがあしらわれた万能アイテム。

本当ならプレタきものと同時に処分すべきだった一と二を下駄箱の奥深くに仕舞い込み、わたしはいつも同じ、三の草履を履いていた。

いつも同じ草履……。このことは、わたしの中のきもの熱を、文字通り足元から冷ましていた。なにしろ十年以上前に買ったものなので、耐用年数的にも心配である。いつ鼻緒がブチッと切れるかわからず、不安でならない。でもこれしかないので、惰性で履いていた。

ならば草履を新調しなさいよ、と思われるだろうが、これがまた、なにを買ったらいいかさっぱりわからないのだ。草履といえば浅草にある〈辻屋本店《つじや》〉だ、いやいや京都の〈祇園ない藤《とう》〉だ等、きもの好きはそれぞれ贔屓《ひいき》の履き物屋さんがあるらしい。ところが困ったことに、お店を訪ねてずらっと並ぶきれいな草履を見ても、わたしは「これだ！」と思うものを見つけられなかった。朱塗りのぽっくりを見たときの「ギャーかわいい！」というテンションに、草履ではならない。物として、欲しいという気持ちをそそられないのだ。

そろそろ買い替えたほうがいいよなぁと思いつつ、なにしろ使用頻度も低いので、三の黒いエナメル草履一足で、数々の雑誌撮影を凌《しの》いできた。

ところがある日、きものの撮影に備えてエナメル草履を出したところ、けっこう豪快にベリッと、底が剝《は》がれてしまった。ついに本格的に壊れてきたかと嘆息しつつ、心の隅で「やった！　これで新しいのを買う口実ができた！」と小さくガッツポーズ。やっと草履を新調できるぞ。

ところが、ちょっとネットを見ると、草履の裏が剥がれることはよくあるトラブルらしく、ボンドで接着すればＯＫと書いてあった。

ちぇ。

とはいえ、遠からずこの草履がだめになるのは間違いない。これはもう、さすがに新しい草履が必要だろう。悠長にお店に足を運んでいる余裕もなく、ネットに頼ることにした。

きもの好き仲間から、〈菱屋《ひしや》カレンブロッソ〉の「カフェぞうり」が歩きやすいという話はちょくちょく聞いていた。公式サイトを見ると、商品が充実しているし、信頼できそうな感じだ。急ぎだったこともあって無難な白系の、在庫アリの草履を一足、カートに入れて注文してみた。

届いた草履をさっそく足慣らしのつもりで履き、きもの姿でお出かけした。箱に入っていた注意書きのとおり、ちょっと鼻緒のあたりがきつく仕上げられているので、だんだん親指の股《また》が痛くなってきたものの、これは慣れたらすぐ平気になりそうだ。というわけで、まあ、買ってよかったな、くらいの気持ちだった。

ところが！

別の機会に、修理した黒いエナメル草履を履いて外を歩いたときのこと。三メートルほど進むなり、「アッ！」全身を電流が走った。

……めちゃくちゃ歩きにくい。

踵《かかと》が草履の台からかぱかぱ上がるのが、なんともいえずストレスなのだ。

長年愛用してきたこの黒いエナメル草履。とりたてて不具合があったわけでも、歩きにくいと思ったわけでもなかった。底が剝がれても見事に復活していた。

ところが、カレンブロッソのカフェぞうりを一度履いたことで、逆に、このエナメル草履の欠点に気づいてしまったのだった。つまりそのくらい、カフェぞうりは、歩きやすかった。

「草履は足よりちょっとだけ小ぶりなものを選ぶこと。踵が少し台からはみ出るくらいが粋である」。これもまた着付け教室で教わった、基礎的な極意だ。

草履は形が小判形、鼻緒が押さえているのは足の前方のみなので、構造上、歩くときはどうしても踵が浮き上がる。それが普通だと思っていたのだが、カフェぞうりは足にピタッと吸い付くほど一体化していて、無駄にかぱかぱしない。まるでハイヒールとスニーカーくらい、歩きやすさが違った。

着心地、履き心地は、単体ではわからない。比較できる状況が揃ってはじめて、違いに気づけるものである。

実はこんなことがあった。

紫織庵で長襦袢を買ったときのこと、店のご主人が、錦紗織《きんしゃ》という生地について説明してくださった。木製の八丁撚糸機《ねんし》を使い、昔のままの工法で織り上げられているという。着心地が素晴らしく、軽くてシワになりにくい錦紗織。戦前に大流行し、谷崎潤一郎の『細雪《ささめゆき》』にもその名が出てくるという。

「へぇーそうなんですね」

と調子のいい相槌《あいづち》を打っていたわたしが、その生地の素晴らしさを実感するのは、ずっとあとのことである。

このあと、購入した紫織庵の長襦袢を数回着たのち、別の店でも長襦袢の反物を買い、仕立ててもらった。いつもの町の呉服屋さんに出し、出来上がった新しい長襦袢を触った瞬間、「あっ!」と気がついた。

絹は絹でも、妙に厚みがあって、なんだか硬いのだ。肌への当たりがよそよそしくて、これは着心地がよくないだろうなと、すぐに思った。反物の状態では、いくら触っても生地の違いには気づかなかったが、仕立ててもらい、手持ちの紫織庵の長襦袢と比べることではじめて、よし悪しがわかるに至った。

これとまったく同じように、カレンブロッソも履き比べる状況になってはじめて、歩きやすさの違いがわかった。きもの道とは、こういう経験を積み重ねることに他ならない。失敗と発見、その繰り返しだ。

こうして準備が整った。

戴き物きものと、アンティークの帯揚げをコーディネートし、足元はカレンブロッソのカフェぞうり。自分で着付けして、近所まで出かける。さらっと書いたけれど、わたしのなかでは一大事である。もう何年も、きものを自分で着ることはなくなっていたのだから。

きものを着るだけなら問題ないけれど、帯を結ぶ段になると急にテンパり、何度も失敗してしまう。可動域の狭くなった肩を回してなんとか帯枕をしょうところまではできるのだが、後ろ手で「垂れ先」の位置を決めて「手先」を仕上げていくところが本当に苦手で……。汗をたらしながらものすごい形相で、奇声を発しパニックになりながら、格闘する。

帯にも、締めやすいものとそうでないものがある。帯締めにも、よく締まるものとそうでないものがある。完璧とはほど遠いながら、自力で着て、外へ出て、トラブルなく無事に帰って来られたときは、ちょっと感動した。わたしもやればできるじゃん。

こうしてきものリハビリの成功体験を、一つ積み上げた。

さらに別の日、きもの雑誌の撮影へ、セルフで着付けして現場に行きますと、自分から申し出た。普段は洋服で行き、スタイリストさんに着付けを任せているのだけど、このときは控え室の場所を確保するのが難しそうだったので、それならと、自分を追い込んでみた。

そもそも朝に弱いので起きられるか不安だ。着付けとヘアメイクに二時間かかると見て支度をはじめたが、電車の時間までに仕上げられるかは、まったくの出たとこ勝負。

わたしはこのミッションも、無事にクリアした。自前の着付けで撮影に臨み、そのまま別の用事にも出向き、電車で帰宅。さすがにへろへろになったけれど、これも大きな成功体験になった。

その翌月、バレエ鑑賞に招待していただく機会があり、これにも自分できものを着て行くことにした。二月だったので母の梅小紋を選んだ。金糸が織り込まれていてずっしり重く、着付けが難しい。そして着るだけでなく、客席で長時間じっとしていないといけない。休憩時間にトイレに行くなどの関門もある。かなりハードルの高いお出かけである。しかしわたしはこれもクリアした。ハレルヤ！ ホップ・ステップ・ジャンプと、ちょっとずつ成功体験を重ねて、自信をつける。気がつけばすっかり、きもの愛好者として、現役復帰していた。

ああ、もっときものが着たい。

いまはとにかく、次にきもので出かける日が楽しみでならない。

きものユーザーとして引退同然だった十年は、年齢でいうと、ちょうど三十代。仕事がようやく軌道に乗ってきたところへ私生活でも結婚があったり、なにかと忙しなかった。そういう女性は多いだろう。二十代はまだまだ助走期間であり、三十代こそ人生の本番。そして三十代の女性はえてして、過重労働になりがちだ。

きものにハマったばかりの、まだ二十代だったわたしに、母が言っていた言葉を思い出す。結婚したら自分のことをする時間なんてなくなるから、いまのうちに好きなことをどんどんやっておいた方がいい。どんどんやりなさい。

たしかにその通りだった。結婚すると、余暇時間はほとんどみんな、夫婦の時間に吸収されていった。二人で過ごす時間もそりゃあ楽しい。けれど引き換えに、自分のことをする時間はうやむやになり、一人で趣味に打ち込む時間は溶けてなくなってしまった。

思えばこの「きもの再入門」は、かつての自分を取り戻すためのレッスンのようなものだった。遠ざかっていた自分の〝好きなもの〟と、再び向き合う試みだった。

若いころは、早く自己確立したくて仕方なかった。自分の軸を持った、揺るがない自分になりたかった。自分そのものはとりとめなく、うまく摑めないものだけれど、自分の〝好きなもの〟を見つけ、その〝好き〟を追いかけることで、自己の輪郭がはっきりする感覚があった。好きなものに夢中になることは楽しい。好きなものを通して自分が見えてきたり、自信を持てることは楽しい。その楽しさを積み上げることで、自分もまた積み上がっていった。

そうこうしている間に人生が動き出す。すると、それどころじゃなくなって、アイデンティティにまつわる悩みは遠くへ吹き飛んだ。

ところがだ。

今度は忙しさに摩耗して、自分がいったい誰だったのかわからなくなる。変わっていく自分をどうすることもできなくなる。わたし、こんな人だったっけ？立場が変わり、つき合う人も変わる。それはすなわち、自分自身が変わっていることでもある。そしてその「変わる」は往々にして、鈍感で傲慢《ごうまん》な人間になっていくことだ。歳を重ねると人は図々しくなる。中年は醜い。それは外見ではなく、居直り方が醜いのだ。

築き上げたはずの〝自分〟は思いのほか脆《もろ》く、放っておくと、かつての自分が「ああはなりたくない」と思った大人に、なってしまいそうだ。いや、もうなってるのかも。

仕事や生活に追われてばかりいて、自分に向き合う時間をケチると、あっさり別の人間になる。人は刻々と変わる。適切に抗《あらが》わないと、悪い方向へ流れるばかり。だからこそ大人は、ささやかな〝好き〟を大事にしたり、かつての自分に、ときどき立ち返ったほうがいい。自分のことを、思い出すために。

だから、この先ますます、誰に憚《はばか》ることなく、〝好き〟を謳歌《おうか》して生きたい。

〝好き〟は、あなたの道を照らす。

七章　木綿をもとめて会津へ

きものと身体性

さぁ準備は万端整った。

気候に合わせてコーディネート、自分で着付けをし、いざ家の外へ。

そこは、いつもと同じ世界ではない。いつもと同じ自分でもない。「きものを着たわたし」だ。洋服姿の自分とは別の存在になる。周囲もこちらを「きものを着た女性」として認識する。

女性は、ある年齢を過ぎると〝透明化〟するという話を聞く。若い女性はいるだけで目を引くが、ぱっと見て「おばさん」と思われる年代に入ると、そういう視線が飛んで来なくなる。この場合、視線の主は男性。つまり男性の視線は若い女性を必要以上に捉《とら》え、若くない女性を華麗にスルーするわけだ。

それを心寂しく思ったり、傷ついたりする女性は多い。〝ちやほや〟を味わってきた人はとくにそうだろう。女性は若いというだけで頭の上にきらきらしたティアラを載っけられ、若くなくなったら剝奪《はくだつ》される。ティアラを載せたり奪ったりするのは男性の視線、もしくは、男性の視線を内面化した女性だ。

もちろん、透明化を大いに歓迎する女性もいるだろう。若い女性であることで、さんざん嫌な思いを味わったことのある女性にとって、一方的に見てくる視線は迷惑でしかない。場合によっては恐怖だ。そういう人にとっては、歳を取ることで卑俗な視線に晒《さら》されなくなることは、ものすごい解放でもある。

それでも、若い女性と認識されないこと＝透明な存在となるのは酷い。女性をそういう目でしか見ていないということ、それ自体が女性を傷つける。それってどうなんだ。こっちは人間だぞ。

きものに話を戻すと、中年であれ老年であれ、きものを着た女性はすごく目を引く。「そこに女がいる」という下卑た視線ではない。「そこにきもの姿の女性がいる！」という、ものめずらしさを伴った、好奇まじりの視線だ。

そう、きものは老若男女問わず、人々の視線を集める。じろじろ見られていなくても、なんとなく見られている。きものには、そういう吸引力がある。きものを着ることは、否《いや》が応でも「見られる存在」になることでもあるのだ。

では、どう見られたいか?

ファッションにおいて、これは永遠のテーマ。どう見られたいか自問自答することは、別に見栄を張ることでもないし、虚栄心のあるなしでもない。自分自身でありたいという欲求の一つだ。

女性用のきものはナチュラルに〝女らしさ〟を強いてくる。たとえば歩くときは、内股《うちまた》で、小股。足をハの字にして小さな歩幅でちょこちょこ歩く。座るときは両の膝頭《ひざがしら》をきっちり合わせて。腕を上げるときは袂《たもと》をつまんで肌を露出させない。電車のつり革につかまるのははしたないし着崩れするから、手の高さのポールをつかむべし。かといって腰掛けるのもよくない。しわにならないコツとして、「電車でも立つ」とハウツー本に書いてあったりする。座るな、手を上げるなと、平気でいろんなことを禁止してくるのだ。きものは女性を女らしさに縛りつけようとする〝拘束衣〟である。

きものは姿勢から歩き方から、立ち居振る舞いを変える。着ただけで、きもの上位になる。自分よりきものが「上」の状態だ。きものによって別人格となり、身体的にも制約される。

身体性の影響は大きい。体を締め付け、動きを制限された自分は、洋服を着たいつもの自分とはあきらかに違う。なんだかキャラも変わる。

たとえば格の高いきもの（留袖、付け下げ、訪問着など）は、とても大和撫子的な、伝統的な日本女性という人格を持つ。着る側に非常に規範的な、窮屈なまでの〝女性らしさ〟を強いる。きっちりした礼装にはそれに相応しいお淑《しと》やかさがあり、着る人は、意識的にせよ無意識的にせよ、きもの人格とでもいうか、類型的な女性を演じざるをえない。どんなじゃじゃ馬も色留袖を着たらしゅんとなり、パワーを抑制されそうだ。もしかしたら女性用のきものはそうやって、女性を「大人しくさせる」工夫が盛り込まれるうちに、いまのあの形になったんじゃないかとすら思う。

じゃあきものは、ジェンダー（社会的性差）の視点で見るとダメかというと、そうでもない。

いつだったかテレビで、建設系の会社を営む女性が取材されているのを見た。男性が多い業界で、リーダーとしてきびきび指揮をとっている姿はすごくかっこよかった。番組ではその女性の社長さんが、休みの日に趣味できものを着てお出かけしている様子が紹介されていた。お召しになっていたのは、とても上品な〝女らしい〟やわらかものだった。

いわく、普段は仕事で、自分のなかの男性的な部分を出しているから、オフの日はきもの姿で、思いっきり女性的な部分を出すことが、すごく息抜きになる、という。そう、きものが強いる〝女らしさ〟によって、女性が解放され、癒やされることもあるのだ。

とはいえわたしは「きものを着たわたし」に、いまだに慣れない。正直言って、一度もしっくりきていない。小股でちょこちょこ歩くわたしは、いつもより小さくなった感じ。それがちょっと居心地悪い。きもの姿の女性に期待される楚々《そそ》とした挙動が、自分の性格と衝突してしまう。なんかちょっと、照れる。恥ずかしい。見ないで……。しかしながら前述のとおり、きものを着ると格段に、「見られる存在」になるわけで。

和服でも洋服でも、身に纏うものはすべからく、本人のキャラクターとしっくり調和しているのがいちばんいい。それは本人にしかわからない、とても微妙な感覚なのだけれど。

行く場所に合わせて「格」と「季節感」が合っていること。きもの全体のコーディネートの「格」と「季節感」も合っていること。それらのただでさえ高いハードルを乗り越えたうえで、自分自身としっくりフィットしていること。

素敵にきものを着るのは、とても難しい。

忘れられない人

あれはいつだったか、歌舞伎座へ観劇に行った日のこと。客席に、木綿のきものを着た女性がいた。

深く渋い色合いの、木綿の縞物《しまもの》だった。お年はおそらく、アラウンド七十。後ろでシニョン風にまとめた髪には白いものも交じる。化粧けはほとんどなく、肌のトーンは暗い。けれど表情は溌剌《はつらつ》として、姿勢よくキリッと身綺麗で、おばあさんという感じはまったくしない。ぱっと見てわたしが感じたのは、「粋！」のひとことだった。

木綿の特性か、きものはとてもしっくり体に馴染《なじ》み、着心地がすこぶるよさそうだった。布の皺《しわ》など気にせず、ぐさっとゆるく着た、力の抜け具合がたまらない。きものの深い色合いが、歳を重ねた肌にとてもマッチして、もはや皮膚の一部というレベルで似合っている。加齢とともにどうしても肌はくすむけれど、それって悪いことばかりではないのだなと思った。むしろ年相応にくすみのある肌であることで、彼女は作りものめいたところが一つもなく、全体が隅々まで調和していた。それはとても美しい姿だった。

なにより、半幅帯をぺたんと貝《かい》の口《くち》でシンプルに結んでいるところに、観劇の経験と配慮を感じた。舞台を見ているとき前のめりになると、後ろの席の人の視界を邪魔してしまう。基本的に、背もたれにべたっと背中をつけるのがマナー。だから実は、帯枕をしょってお太鼓結びをすると、背もたれから少し体が離れてしまい、前のめりと同じようになってしまうのだ。

木綿のきものの女性は、ちゃんとそこまで気が回っているように見えた。まぁ舞台を見るならね、半幅かしらね、という感じ。自分がなにを着たいかは後回しにして、状況を優先する余裕が窺《うかが》える。かっこいい。

それにしても、歌舞伎座へ木綿で行っていいのか？

歌舞伎座へきもので行くとなれば、付け下げ、訪問着、色無地、江戸小紋などが推奨されている。けれど実際はドレスコードもなく、かなりカジュアルな洋服で来られている方も多い。玄人筋の知人に質問したところ、「歌舞伎座へ木綿のきもので？　全然いいよ」とのことだった。ネットで調べた「正解」をなぞるのではなく、自分の意思でそこから堂々とはみ出していて、素敵だ。ああいうふうになりたい。

そしてわたしの胸に突如、木綿のきものへの憧れが芽吹いた。

いまわたしの手元にある、戴き物きもの、そのほぼすべてが「外出着」だ。読んで字のごとく、どこかにお出かけすることが前提のきものであり、行く場所の「格」に合わせて選ぶ。わが家のディノスの桐箪笥の中には、付け下げや訪問着はほぼなく、色無地は一枚きり、紬《つむぎ》や小紋が多めといったラインナップ。というと、わりあいカジュアルな感じがするけれど、紬といっても小綺麗で、いずれもそれなりに気をつかう、ちゃんとしたきものなのだ。

ちゃんとしてないのが欲しいな……。

つまりそれは、「街着」である。

普段着ともいうけれど、ここは「街着」としたい。街着は、そのあたりを気ままにぶらつく、気張っていないきもの。うどん屋で昼にきつねうどんを啜ったり、スタバのテラス席でコールドブリューコーヒーを飲みながら文庫本を開いたり、近場の美術館で絵をささっと観たりする日に、適当に着るもの。もちろん紬でもいいのだけれど、紬は絹である。それに祖母たちの紬はどれもなんかきれいなので、気を張るのだ。もっと、うどんの汁をこぼしてもいいような、心の底から気軽に着られる、ユニクロみたいなきものが欲しい。箪笥の戴き物きものはわたしにとって、どれも充分に「格が高い」のだ。

「ああ、もっときものが着たい」という気持ちは本物だ。しかし、現にその一文を書いてから、まだ一度もきものを着ていない。きものを着るにはそれなりに準備もいるし、必然的にお出かけは一日コースとなる。紬や小紋でもわたしにとっては充分おめかしだし、なんか大袈裟な感じがして照れる。見ないで……。そんなわたしにぴったりかもしれないな、木綿のきものは。それに木綿となると、ぐっと〝自分らしく〟装えそうな予感がする。

つまりこれは、木綿のきものを買いたい！　ということである。

手持ちのきもので箪笥がパンパンだから、新しいきものは買わないぞと誓った、舌の根も乾かぬうちにこれである。

会津へ

木綿といえば、会津《あいづ》木綿。織物の産地に明るくないわたしが、それでもすぐに連想したほど有名だ。欲しくなったのもなにかの縁。せっかくなのでこの機会に会津まで行ってみようと思った。もちろん今ならネット通販でも手に入るだろうけれど、ここはひとつ会津木綿を買うという目的を、旅の口実にしたい。

会津木綿は江戸時代の前半から作られるようになった会津藩の特産品で、このあたりは綿花栽培の、日本での北限という。綿花は寒冷地で栽培されると繊維が短くなり、紡がれた糸は太くなり、生地にはふっくらと厚みがでる。厚いということは、経糸《たていと》と緯糸《よこいと》の間に空気を含むということで、保温性と吸湿性に優れて、とても丈夫なのだとか。夏は汗を吸うのでさらっと着られて、冬は冬で体温をしっかり保つから、年中着られる。そしてここが最大の魅力だと思うのだが、家で洗える。ぎちっと堅牢《けんろう》な平織りなので、縮みにくい。しかも、使い込むほどに味わいが出るという。だから、庶民の日常着、もっといえば野良着としても重宝されてきた。

まるで、もともとはアメリカの労働者の服だったデニムみたいだ。ものすごく丈夫だから、肉体労働時の作業服にピッタリ、しかも着れば着るほど体に馴染んできて味が出る。ちなみに日本で木綿が定着したのは江戸時代で、それ以前は麻が主流だったそう。麻は夏に着るにはぴったりだが、寒い地方の冬を麻で乗り切るのはつらかっただろうな。もちろん絹は古くから存在するが、高級品ゆえ、そうそう庶民が着られるものではなかった。

つまり会津では、木綿が伝わってわりあいすぐに、生産が根付いたようだ。さらに自動織機が登場して大量生産が可能になった、明治の後半から大正にかけてが、最盛期といわれている。

検索すると、〈山田木綿織元〉がヒットした。地域に何十軒とあった機屋は少しずつ姿を消し、いまではこちらの織元さんのみ、現役で稼働しているそうだ。

旅の目的地をここに定める。あとは〈さざえ堂〉を見たり、少し足を延ばして喜多方《きたかた》ラーメンでも食べられれば……。

二〇二四年五月、わたしは会津若松《あいづわかまつ》駅に降り立った。東京から東北新幹線で郡山《こおりやま》まで行き、ＪＲ磐越西《ばんえつさい》線に乗り換え、計三時間ほどで到着。会津若松駅はホームにも駅前にも、大きな赤べこの姿があった。そう、ここは赤べこの里だ。

まずはお昼を食べに徒歩で移動。インスタでさくっと調べたところ、〈割烹田季野《たきの》〉が目に留まる。郷土料理のわっぱ飯をいただけるという。一泊二日の旅、食事のチャンスが限られるため、一食も外せない。

駅前に出ていた看板を見ると、鶴ヶ城《つるじょう》へとつづく大通りはお店がたくさん並んで見るからに賑《にぎ》やかそうだった。しかし、歩きはじめてすぐに、地図看板とは裏腹に通りは閑散とし、人がほとんど歩いていないことに気づく。地方都市おなじみの光景だ。

少し進んだところで、同行の夫（カメラ担当）がなにかを見つけたらしく、「あっちに行きたい」と言う。のんびり屋の夫は散歩好きで、すぐに寄り道したがるが、こちらは予約なしで昼飯にありつけるかどうか気が気でない。「んもう」と焦《じ》れつつ脇道を少し入ると、墓地だった。

〈戊辰《ぼしん》戦役　西軍墓地〉

日本史に疎いわたしはその看板を見てようやく、そうだ、ここは戊辰戦争の街なのだと気がついた。瞬間、幕末の風がひゅーんと吹き抜けた。日本近代史上、最大の内戦地だ。そしてこの墓地は、西軍、つまり会津藩にとって敵にあたる、薩摩《さつま》、長州《ちょうしゅう》、大垣《おおがき》、肥州《ひしゅう》、備州《びしゅう》といった新政府軍の犠牲者を弔っているのだ。

各藩の家紋が刻され、柵《さく》で囲われた墓地に立つ看板を読むと、荒廃していた墓地が整備されたのは昭和三十二年という。戦争から九十年後。敵方へ慈悲を示せるようになるには、そのくらいの時間の経過が必要だったのかもしれないな、なんてことを思う。幕末の出来事は映画やドラマを通して見ているせいか、無意識のうちに〝フィクション〟のように感じていたけれど、こうして墓地の前に立った途端、ぐっとリアルなものとして迫ってくる。

が、生きてる者はとにかく飯だ。墓地をあとにし、いろいろ気になるお店を横目でチェックしつつ、店へ急いだ。

田季野は少し奥まった場所にあり、会津西街道沿いに建っていた陣屋を移築した、とても立派な店構えだった。平日なのに、昼遅めの店内は客で賑わっていた。鮭やいくら、細竹が入ったわっぱ飯（輪箱飯）を注文し、運ばれてきたものを見て驚いた。わっぱが、信じられないほどほっかほかのアッツアツなのである。

中にご飯とおかずをつめた状態で蒸すことができる、それが曲げわっぱ最大の利点であることに、わたしはこのとき気づいた。そうか、そうだったのか！　杉なのか檜《ひのき》なのかはわからなくても、ほんのり木の香りをまとったご飯はしっかりと味がつき、とろみのついたきのこなどの山の幸、鮭や蟹《かに》、いくらといった海の幸と調和して、箸《はし》がすすむすすむ。しょっぱめの味付けもいいが、やはり熱さに魅力がある。わたしは食べるのが遅いほうなので、アッツアツを堪能できるのは本当に最初だけで、後半は冷めている、という悲劇を毎回味わうのだけれど、曲げわっぱの保温力は凄まじく、最後の一粒まで、はふはふ言いながらいただいた。温かい食事が美味しいのは真理であり、ゆえにどんな料理も時間の経過とともにパワーダウンを免れないが、その点、わっぱ飯はこちらが食べ終わるその瞬間まで、フルパワーで美味なのだ。驚いた。曲げわっぱはすごい。

さて、腹ごしらえを済ませてほっと一息ついたところで、旅のメインである〈山田木綿織元〉を目指して街歩きを再開。さっき気になっていた〈竹藤《たけとう》〉をまずはのぞく。寛永《かんえい》元年創業で、建物は築百八十年といい、会津最古の商業建築だそう。つまり、戊辰戦争のころにはもうここに建っていたということ！　時代劇そのままの外観だけでなく、土間に竹製品が並ぶ店内も、完全に江戸の雰囲気を残している。

帳場のそばに、親指くらいの小さな人形がかごに盛られていたので、「これはなんですか？」と訊《き》いてみた。お店の人は、「起き上がり小法師《こぼし》です」と答えた。

えっ⁉ さすがに起き上がり小法師くらいは知っているつもりだったけれど、それは、倒れても起き上がるギミックの人形全般につかわれている一般名詞として、認識していただけだった。本当の起き上がり小法師は、会津の市で縁起物として売られる、張り子細工の郷土玩具だった。

細筆で描かれた目と眉と口。線が五本だけのシンプルな顔に、おむすびの海苔みたいな髪型で、赤と青の二色展開。そういえば、さっき行った田季野でも、小法師が飾られていたような？ いやそれどころか、郵便局や銀行のショーウィンドウにも小法師はいた。トイレの性別表示にも、小法師が活用されていた。赤べこにばかり気を取られていたけれど、よくよく見ればこの街は、起き上がり小法師だらけなのだった。

小法師は素朴でいじらしい。正式な選び方があり、家族の人数よりも一つ多く買うものなのだとか。「だけど一つでもいいよ」のお言葉にほっとして、赤い小法師を一つだけ選んだ。顔がけっこう違うので、真剣に選ぶ。

購入した小法師をバッグに収め、再びてくてく歩き、次に〈漆器と民芸　鈴木《すずき》屋利兵衛《やりへい》〉を訪ねた。こちらも黒塀のどっしりした土蔵という、歴史的な建物の老舗である。店内は広く、藩主が奨励したことで名産品になった会津塗の品々がガラスケースに並ぶ。

いろんな漆器があるが、なかでも会津絵という、この地方特有の伝統文様が絶妙にグラフィカルで素敵だ。松竹梅や菱形、破魔矢《はまや》などがモチーフだけれど、いい意味で〝和〟っぽくないというか〝和〟過ぎない。伝統柄は、いまの生活では浮いてしまうことが多いけれど、会津絵は和のモチーフを使いつつも、すっきりデザイン化されていて、とてもモダンな感じなのだ。これなら日常生活に取り入れられそうだなと、じっくり見て回った。

重箱やお盆といった昔ながらの商品もあるなか、わたしの目に留まったのはアクセサリー、それもブローチである。きものが好きになって以来、ブローチを見る目が変わった。ブローチは胸元を飾る、どちらかというとおばさんに好まれるアクセサリーのイメージだったけれど、実は専用の金具を使えば、帯留《おびど》めにもなるのだ。それを知ってからというもの、ブローチ＝帯留めとして見るようになり、購買意欲がそそられるのである。

会津絵のブローチが素敵だなぁと思いつつ、正倉院文様の鹿にも惹かれ、大いに悩む。そして、ここは鹿に軍配が上がった。動物に弱いのだ。黒地に青っぽく浮かび上がる鹿が、潔くてとてもかっこいい。会津木綿のきものにこの楕円《だえん》形の帯留めを合わせたら……と想像し、購入。七千円ほどだった。

と、いまこうして書いていて、なんで会津絵のブローチも買わなかったんだろう、バカかわたしは、と後悔している。旅の出会いは一期一会、迷ってる時間などない、全部いっとくべし。

会津木綿

そうして寄り道をくり返しつつ、今度こそ旅のメインである〈山田木綿織元〉

に到着した。

　創業は明治三十八年。敷地の奥には歴史を感じる製織工場があり、辺りには自動織機の、がちゃんがちゃんという音が響く。予約なしで工場を見学できるそうなので、店の人に声をかけて、まずは工場を見に行く。

　壮観だった。天井の梁《はり》が露出した広々した空間に、響く音といい、機械のダイナミックな動きといい、大迫力。この工場で使われているのは、豊田《とよだ》式力織機、そう、あのトヨタの機械である。トヨタ自動車のルーツは、自動織機を作っていた会社の自動車部。明治維新後、日本は生糸によって外貨を獲得して発展し、その後は自動車がその役割を果たしたわけで、二度の産業の大転換をトヨタは担ったことになる。これはなかなかすごいことだ。

　工場をあとにし、暖簾《のれん》をくぐってショップにお邪魔したところ、洋服や鞄、布小物といった、現代的なアイテムがたくさん並んでいた。けれど、わたしが求めているのは、きもの。肝心の生地が見当たらない。店の一角で作業をされている方（社長さんとお見受けした）にたずねると、「いまあるのはこれだけなんです」とのこと。見ると、畳まれた状態の会津木綿が、わずかに積まれていた。

生産地に行けば、在庫は山のようにあって選び放題のはず、と思っていた自分が恥ずかしい。自動織機で大量生産できるといっても、つきっきりで見ていなくてはならないし、かなりの手間がかかることは、さっきの工場見学でも感じた。たくさんの注文に応えるため、出来あがった端から生地が出荷されていくようだ。

「うちよりも、いまなら〈もめん絲《いと》〉さんのほうが、たくさんあるかもしれない」とのこと。少し歩いたところに、小売りの専門店があると教えてもらった。

そちらにも行きたい。けれど、目の前にも生地はある。山のような在庫から取っ替え引っ替えとはいかないけれど、むしろ選ぶにはちょうどいい量だった。

「ジャムの法則」というらしいが、あまりたくさんあると、逆に選べなくなるのが人間というものなのだ。


というわけで、生地を物色させてもらうことにした。木綿の生地は絹と違って、くるくる軸に巻かれた反物の状態ではなく、ぱたんと畳まれた状態。気に入ったものをいくつか手に取り、鏡の前で合わせてみる。

無地も作っておられるが、会津木綿といえば縞だ。創業時からの生地見本帳には二百ほどの縞柄が残されているそうで、棒縞や鰹縞《かつおじま》といった名前のほか、猪苗代縞《いなわしろじま》など、地名がついているものもあるとか。縞だけで二百とはすごいが、色合わせと線の太さ細さ、組み合わせ次第でまるっきり違うものになるのは、ちょっと見ただけでも感じた。

わたしは派手なものに惹かれてしまうので、つい強い色合いで目を引くものに手が伸びるけれど、鏡に向かい、鎖骨のあたりに生地を持ってきて顔映りを見ると、意外と印象が違う。生地の状態で見ているときは、あまり惹かれなかったものも、鏡で合わせてみると、「これはいけるな」と感じたり。特別なときに着るのではなく、日常的に長く着たいので、むしろ印象の強すぎないもののほうがいいかもしれない、などと内心あれこれ算段。鏡で合わせてみたときに、顔がパァッと明るく見え、しっくりくるものをどんどん絞り込み、最終的に三つになった。生成りに緑と赤の縞の、夏らしく着られそうな涼しげな色合いの生地。あとの二つはどっちも寒色系で、太めの縞のほうは水色に一本ピンクのラインが入っているので明るくてポップな印象。細めの縞の生地は、しっとり落ち着いた色合いで、雰囲気がまるで違う。どれも欲しい……というわけで、これ以上は絞りきれず、三つとも買うことにした。

購入したものに証紙をつけてもらうと、ぐっと名産品感が出て、テンションが上がる。値段は一反一万円である。一万円の価値は人それぞれだけれど、わたしはものすごくリーズナブルだと感じた。リーズナブルはうれしい。うれしいけれど、もっと高くしてもいいんじゃないかな、という気持ちにもなった。なにしろ昔と変わらぬスタイルで生産しているのはここだけなので、希少価値はとてつもなく高い。工場で稼働している自動織機も、もちろんこの先ずっと、永久に動きつづけられるわけではない。むしろ工場生産は、ある意味、手織り以上に儚いものであるように思った。織元さんが音を上げたら、そこでぱたりと途絶えてしまう運命を背負う。価格を上げることで負担が減るなら、遠慮なく上げてほしいと思った。喩《たと》えようもなく希少な光景を目にし、商品を手にし、胸がきゅっとなる。

きもの文化の現在地点を確認するたび、すぐこんな気持ちになるのは、感傷的すぎるだろうか。

三反の生地でずっしり重たい袋を、ぎゅっと抱いてお店をあとにした。

会津若松駅のホームでお出迎えしてくれる木彫の赤べこ。レトロで素敵！

山田木綿織元さんの工場。ガシャンガシャンと豊田式力織機が働く。

購入した会津木綿。縞のバリエーションが豊富だ。仕立ての際、湯通しすることで、生地はとても柔らかくなった。

山田木綿織元さんの店の前で。きもの産地めぐりは楽しい！　その土地の歴史、風土を伝えるきものを求めて、日本のいろんな土地を渉猟したい。なんて思うようになりました。

おわりに

若気の至りで手を染めた「きもの」という趣味に、十数年ぶりに向き合う機会をいただき、一冊の本になりました。

きものは不思議な存在です。

日本の民族衣装として長い歴史を持ちながら、多くの人が自分で着ることすらできない、日本人にとって縁遠いものになって久しい。日本の伝統文化は素晴らしいと口々に言われるけれど、これだけ思いっきり形骸《けいがい》化しているものも、めずらしいのではないでしょうか。

成人式や結婚式といった特別な機会を除けば、きものは〝好事家〟に委《ゆだ》ねられ、趣味として支えられてきました。

きものという趣味の入り口はとてつもなく狭いです。わたしの場合は、平常心を失うくらいでないと、最初のハードルを越えられなかった……。そして、人生にかまけてうかうかしていたら、また縁が薄くなってしまっていました。


人は生まれた時代の影響を強く受けます。そして、生まれ育った環境の影響を受ける存在でもあります。

わたしが二〇〇〇年代の〝デモクラシー〟影響下というルートから、偶然きもの道に入り込んだのは書いたとおり。ですが、そうやって目覚めるうえで、実家に鎮座するきもの箪笥や、お正月に目にした祖母のきもの姿の記憶が、知らず知らずのうちに興味の下地となっていたことは、書いてみるまで気がつきませんでした。きものが好き、という気持ちの端緒には、母や祖母を喜ばせたいという思いも、きっとあったのだなぁ。

時代からしても、環境からしても、きものがこれからますます先細りになっていきそうだという気配も、今回感じたことです。十数年前より、シーンとしてはまた一段階、縮小したような。

だからこそこの本が、きものが身近ではなかった人にとって、小さな興味を持つきっかけになったら、こんなにうれしいことはありません。

いまから二十年先、わたしが六十代になったとき、きものは産業としてどうなっているだろう。地球の気候はどうなっているだろう。二十年後、木綿のきものをぐさっと着た六十三歳のわたしは、歌舞伎座の客席に、ちゃんと座っているだろうか。

山内マリコ

二〇二四年七月

［初出］

本作は、「ダ・ヴィンチＷｅｂ」に連載されました。

1　母のきもの箪笥　二〇二三年十月三十日
2　いきなり散在する　二〇二三年十一月十五日
3　それは化繊か、天然か　二〇二三年十二月十五日
4　きものはきものを呼ぶ　二〇二四年一月十日
5　戴き物きもの　二〇二四年二月一日
6　紫織庵大好き　二〇二四年二月十五日
7　町の呉服屋さん　二〇二四年二月二十九日
8　収納どうしてる？　二〇二四年三月十五日
9　戦前のアンティーク　二〇二四年四月十日
10　新しい草履を買いに行かなくちゃ　二〇二四年四月二十五日

「木綿をもとめて会津へ」は、書き下ろしです。
単行本刊行にあたり、加筆修正をいたしました。

山内マリコ（やまうち　まりこ）
1980年富山県生まれ。小説家。2012年『ここは退屈迎えに来て』でデビュー。同作のほか『あのこは貴族』などが映画化されている。『買い物とわたし　お伊勢丹より愛をこめて』など、エッセイも好評。趣味は映画＆舞台鑑賞と世界史の勉強。着付けの師範資格を持つ。

きもの再入門《さいにゅうもん》

2024年10月2日　初版発行

著者／山内《やまうち》マリコ

発行者／山下直久

発行／株式会社 KADOKAWA
〒102-8177　東京都千代田区富士見 2-13-3
電話 0570-002-301（ナビダイヤル）

印刷・製本／大日本印刷株式会社

●お問い合わせ
https://www.kadokawa.co.jp/（「お問い合わせ」へお進みください）
※内容によっては、お答えできない場合があります。
※サポートは日本国内のみとさせていただきます。
※ Japanese text only

定価はカバーに表示してあります。

ISBN 978-4-04-114556-2　C0095